国家出版基金项目
NATIONAL PUBLICATION FOUNDATION

新时代马克思主义哲学智慧研究小丛书

领悟『世界观和方法论』之道

韩庆祥 张健 著

中国人民大学出版社
·北京·

目　录

引论　话语背后的"道理学理哲理"

党的十八大以来，我国理论界对党的创新理论及其创新话语的学习研究大致分四个阶段：思想宣传—文本阐释—提炼概括—体系建构。当今，对党的创新理论及其创新话语的研究，其发展趋向应是从总体上进入第四个阶段，以"建构性思维"探究党的创新理论及其创新话语的建构问题，注重学理性研究、学术化表达、体系化建构，注重党的创新理论及其创新话语研究的"系统性和整体性""学理性和逻辑性""世界性和通识性"，注重研究党的创新理论及其创新话语背后的"道理学理哲理"。

对习近平新时代中国特色社会主义思想的世界观和方法论的学习研究，更应如此。

一、注重"系统性和整体性"

党的十八大以来，我们党继续推进马克思主义中国化时代化，取得重大理论创新成果。在"建构"党的创新理论及其创新话语的科学体系阶段，其要旨就是在注重"问题研究"的同时，注重这一创新理论及其创新话语的系统性和整体性，即由

"点"（重点）到"面"（全面或全要素）再到"体"（厘清各内容要素之间的顺序、关系、逻辑和结构，使其构成一个逻辑严密的系统整体），把这一创新理论及其创新话语的科学理论形态呈现出来。

党的二十大报告所讲的"六个必须坚持"的世界观和方法论，是对新时代根本问题的哲学回答，它既意味着要把对党的创新理论及其创新话语的认识、理解和把握提升到哲学层面，深入哲学基础，也意味着它提炼概括出了党的创新理论及其创新话语的精髓要义。

二、突出"学理性和逻辑性"

探究十八大以来党的创新理论及其创新话语的学理性和逻辑性，首先要思考其"逻辑起点"。其逻辑起点，就是我国发展起来以后使大国成为强国新的历史方位。

党的十九大报告指出：中国特色社会主义进入了新时代，这是我国发展新的历史方位。我国理论界在该问题的研究上取得不少成果，但美中不足，就是对新时代、新的历史方位及其地位、意义还没有真正从学理性、逻辑性上界定清楚。党的十九大报告、《中共中央关于党的百年奋斗重大成就和历史经验的决议》，都用五句话来概括新时代的内涵。这五句话是用政治话语、文件语言表述的。如果用学理话语来阐释，这个逻辑起点，就是"我国发展起来以后使大国成为强国即实现强起来"新的历史方位。1978 年以后至 2012 年之前这一段历史时期，我国主要是解决"欠发展"的问题。邓小平所讲的发展才是硬道理，江泽民所讲的发展是党执政兴国的第一要务，胡锦涛所讲的第一要义是发展，都主要是解决我国"欠发展"的问题。进入新时代，我国发展步入了新的历史方位，这实质上就是我国发展起来以后新的历史方位。新的历史方位主要是解决大国如何成为强国的问题。党的十九大报告所讲的"三个意味着"，第一个"意味着"就是"……中华民族迎来了从站起来、富起来到强起来的伟大飞跃"。这实质上讲的就是习近平新时代中国特色社会主义思想的逻辑起点。

逻辑起点搞清楚后，就要进一步研究党的创新理论及其创新话语的科学体系之"逻辑框架"问题，要进一步对这一理论及其话语框架进行学理论证。

三、彰显"世界性和通识性"

要坚持"胸怀天下"，进一步把党的创新理论及其创新话语以及核心范畴、论断、理论置于"两个大局"的世界历史发展进程中去把握，把中国问题转换成世界历史问题，注重话语表述的世界性。因为这一思想致力于为人类谋进步、为世界谋大同，为解答"世界向何处去"或"人类问题"贡献了中国智慧和中国方案。

在把握这一思想之"世界性"的前提下，还要考虑并彰显其"通识性"。这有两种方式：一是把核心性范畴、论断、理论置于世界历史发展进程中，且从学理上进行理论性"定义"，让世界读懂或懂得中国话语；二是让中国思想、中国理论走向世界，为解决世界历史问题或人类问题作出理论贡献。第一种方式是基础和前提，只有让中国话语世界化、通识化，让世界读懂或懂得中国话语，才能让中国思想、中国理论走向世界。

四、揭示"道理学理哲理"

学习研究党的创新理论及其创新话语，要注重进一步揭示和阐释理论及其话语背后的道理学理哲理。

这就意味着：

既要知其言更要知其义。既要从字面上理解和把握党的创新理论及其创新话语的基本概念、范畴与论断、命题，更要理解和把握其蕴含的深意或核心要义，实现由记忆到感悟再到领悟的提升。我们不能只背诵一些词句，停滞于词句的表面而不得要领，而要内化于心，刻在自己的心灵中。

既要知其然更要知其所以然。既要"知其然"，理解和把握党的创新理论及其创新话语"是什么"，更要进一步理解和把握党的创新理论及其创新话语"为什么"，即理解和把握它的来龙去脉、内在逻辑、精神实质、重大意义。只知其然而不知其所以然，是学习研究党的创新理论及其创新话语的"硬伤"。

既要知其语更要知其道。话语的背后是道。学习研究党的创新理论及其创新话语,既要理解和把握其话语表述,看其"说了什么",更要进一步挖掘和揭示其深层背后所讲的"道理",即道理学理哲理,尤其要理解和把握其深层的哲学根基。只有这样,才能理解和把握其大道和灵魂,理解和把握其根和本,才能使我们的理解和把握达到高度和深度。现有一些相关研究成果不大注意"挖其道",也不注重深究其哲学根基,这是我们对党的创新理论及其创新话语研究的一个短板。

既要知其知更要知其行。学习研究党的创新理论及其创新话语,我们既要真正搞清楚我们自己"知道"了什么,哪些还不知道,更要将"知道的"付诸实践行动,即内化于心、外化于行,达到知行合一。学习的目的在于运用,学习理论的目的在于实践,离开运用和实践,就只解决了学习的"上半截"——我们知道了什么,而没有解决学习的"下半截"——我们怎么运用。

本书研究聚焦于习近平新时代中国特色社会主义思想的世界观和方法论。我们应当把上述四个方面贯穿其中,注重"系统性和整体性",突出"学理性和逻辑性",彰显"世界性和通识性",揭示其背后的"道理学理哲理"。

马克思主义哲学的科学
世界观和方法论

哲学及其世界观和方法论看起来抽象晦涩难懂，离我们很远，但实际上与大家的工作和生活息息相关。马克思主义哲学，是一门探寻事物的本质和规律并为人们的工作、生活提供智慧和方法的学问。学习马克思主义哲学的科学世界观和方法论，对我们每个人都具有重要的现实意义。我们在工作中之所以出现这样或那样的问题，从主观上可以追溯到我们的思维方式。毛泽东特别善于从哲学高度去提升工作方法，强调领导干部完成任务是过河，而完成任务所需要的工作方法是桥和船，不解决工作方法问题，完成任务就是一句空话。邓小平强调，我们的干部中很多人不懂哲学，很需要从思想方法、工作方法上提高一步。陈云曾说，学哲学，终身受益。李瑞环说，哲学是明白学、智慧学，学懂了哲学，脑子就灵、眼睛就亮、办法就多……给你方向、给你思路、给你办法。习近平强调，学哲学、用哲学，是我们党的一个好传统，并要求各级领导干部要善于掌握马克思主义哲学这一看家本领，要善于从马克思主义中汲取智慧的滋养。

为什么？我们领导干部每天都处在矛盾的包围当中，经常会遇到这样或那样的问题，而学习马克思主义哲学及其科学世界观和方法论，就能提高我们领导干部驾驭矛盾的艺术，提高分析问题和解决问题的能力，完善我们的工作方法。

马克思主义哲学的科学世界观和方法论，主要包括辩证唯物论、唯物主义辩证法、实践认识论、唯物主义历史观和马克思主义人论，它们构成马克思主义哲学世界观和方法论的完整内容。

一、求实思维与从客观实际出发

　　马克思主义哲学的科学世界观和方法论的第一块内容，是辩证唯物论。辩证唯物论的核心观点，一是客观存在（生活环境、生活方式、社会关系）决定主观意识（思想、观念、精神）；二是主观愿望必须符合客观实际。

　　把这种核心观点转化为思维方式，内在要求人们树立求实思维。这种思维体现在认识事物的出发点上，就是要从客观实际出发。

　　对事物的认识，从哲学角度讲，基本上有两种出发点：一是从主观出发，主观地看待事物，带有个人的先入之见，即戴着有色眼镜看事物；二是从客观实际出发，客观地看待事物，尽力不带个人主观偏好，力求认识事物自身的本来面目。从客观实际出发，就是力求按照事物的本来面目认识客观事物，要从这一客观事物所存在的时间、空间、条件上来把握这一客观事物。

领导干部的一项重要工作就是决策，而决策首先取决于对客观事物的认识，对客观事物的认识是否正确，决定着决策是否科学。这叫作科学的决策取决于对客观事物的正确判断。有的人对一些事情不敢拍板，往往是因为心里底气不足，缺乏调查研究，对事物的底细不清楚。那么，领导干部如何在工作中运用求实思维来做到正确认识客观事物呢？最主要的方法，就是通过真正而全面深入的调查研究，把吃透上情和吃透下情有机结合起来：既要吃透上情，把握上级的一般号召，克服工作中的盲目性，增强工作的方向性；又要吃透下情，从当地的特殊实际出发，一切以时间、空间和条件的变化为转移，增强工作的针对性。我们既不能借口本地方的特殊而自行其是，也不能不顾特殊实际而死搬硬套。任何客观事物都是在一定时间、地点和条件中存在的，把握住客观事物存在的时间、地点和条件，就能比较容易客观地把握这一事物的实际。毛泽东指出：按照实际情况决定工作方针，这是一切共产党员所必须牢牢记住的最基本的工作方法[①]。其实，这种方法也是一切工作方法的基石。

---

① 毛泽东.毛泽东选集：第 4 卷.2 版.北京：人民出版社，1991：1308.

二、辩证思维与全面联系发展地处理问题

　　马克思主义哲学的科学世界观和方法论的第二块内容，是唯物主义辩证法。

　　唯物主义辩证法的核心观点，一是任何事物都具有既对立又统一的两个基本方面，要全面地看待事物，就是要看到事物既对立又统一的两个基本方面；二是要联系地看待事物，就是要深入认识事物之间、事物内部的内在本质联系即对立统一关系；三是要发展地看待事物，就是要认识到事物发展的内因来自事物内部的对立统一；四是对立统一是唯物辩证法的实质与核心。

把上述核心观点转化为我们的思维方式，就是要树立辩证思维。

辩证思维的核心内容是，在看到事物之间对立的时候不要忽视二者之间的统一，在看到事物之间统一的时候不要忽视二者之间的对立。

辩证思维内在要求我们在工作中掌握两种方法：

一是抓重点带一般，同时力戒把重点当成唯一，以重点与全面相统一的眼光处理问题。这是一切工作方法的核心。只注重全面而忽视重点，容易眉毛胡子一把抓，牵不住"牛鼻子"，难以做到纲举目张。今天的领导工作千头万绪，错综复杂。那么，领导干部如何从繁杂的事务中超脱出来，进而掌握驾驭全局工作的主动权，提高工作效率呢？基本的方法就是纲举目张，集中精力抓住每一时期的主要矛盾或中心工作，即"牛鼻子"。抓住主要矛盾或中心工作，一切问题就容易迎刃而解。抓好重点的方法，就是要抓得准、抓得狠和跟得上。抓得准，就是要准确抓住影响全局、事关成败的主要矛盾；抓得狠，就是将主要矛盾扭住不放；跟得上，就是解决主要矛盾的政策、措施和方法要跟得上。

二是注重两面性看问题，通过和谐的方式谋求发展，以发展的眼光处理问题。把重点当成唯一，容易走极端。在新时代我国社会主义现代化国家建设进程中，人们如何运用科学的方式化解矛盾，并推进社会的健康顺利发展呢？其主要方法是：多予少取，换位思考，寻求共同（共同利益、共享成果），等等。

三、实践思维与掌握合理的实践方法

　　马克思主义哲学的科学世界观和方法论的第三块内容，是以实践为基础的认识论，即实践认识论。

　　马克思主义哲学的实践认识论之核心观点，一是实践是认识的基础，是认识的来源，是认识发展的动力，是检验认识是否为真理的根本标准，认识是在实践基础上主体对客体（对象）的能动反映；二是由感性认识到理性认识，再由理性认识回到实践，是认识过程的两大飞跃；三是追求真理和创造价值是人类活动的两大原则，"价值"应建立在"真理"的基础上。

　　把实践认识论的核心观点转化为我们分析问题的思维方式，就是要树立实践思维。所谓实践思维，就是在说和做、言和行的关系中，强调言行一致、知行合一，认为纲领很重要，但纲领制定出来以后，实现纲领的行动更重要，即一步实际行动比一打纲领更重要；就是在先天给定和后天作为的关系中，强调更加注重后天作为，人要靠自己的实践能力及社会贡献而立足。注重先天给定轻视后天作为的社会，是没有创新活力的，而十分注重后天作为的社会，是充满创新活力的。

　　根据这一思维方式，人们需要掌握以下两种工作方法：

　　一是由注重认识谁走向注重认识客观事物，坚持认识人和认识客观事物相统一。认识，是人对客观对象的认识，人所认识的客观对象主要有两种，即认识人（认识谁）和认识客观事物（认识什么）。认识的对象不同，文化发展的基本路径也就不同。注重"认识谁"，往往会注重"拉关系"，注重"认识事物"，往往会注重提升本领和能力。

　　二是注重掌握把思想、理论变成实践、现实的具体合理的方法。从感性认识提升出来的理性认识，往往以思想、理论的形式表现出来。这种以思想、理论形式表现出来的理性认识，还应回到实践中变成现实。

　　以贯彻落实新发展理念为例。新发展理念是理性认识的一个重要成果。如何把新发展理念贯彻落实到我们的具体实践中去？其方法是要求我们在工作中，第一要具有问题意识。就是要克服形式主义，腾出主要时间和精力来发现本地区、本单位、本部门在贯彻落实新发展理念过程中所遇到的问题，寻找问题产生的原因。一个政党，最大的忧患是缺乏忧患意识，最大的问题是对严重的问题缺乏问题意识。第二要具有行动意识。行胜于言，一步实际行动比一打纲领更重要，要把口动变成心动，把心动变成行动。就是说不要把贯彻落实新发展理念仅仅停留在口头上，而是要在真正全面正确理解新发展理念的基础上，使新发展理念真正深入人心，并付诸真正的实践行动，真正解决实际问题，使本地区、本单位、本部门的发展走上科学的轨道，即真信、真学、真懂、真用、真变。第三就是要具有操作意识，这也是更为重要的。要养成具体抓、抓具体、找办法的工作作风（具体就是特殊性、多样性和多变性），注重从利益、制度、技术、政策、结合点五个方面入手来贯彻落实新发展理念，即把贯彻落实新发展理念同发展好维护好实现好最广大人民的根本利益结合起来，注重从尊重正当利益、制度建设、利用先进技术、制定好的政策和找准结合点等方面，来解决贯彻落实新发展理念过程中所遇到的问题。

四、社会结构思维、过程思维与遵循历史规律和发挥主体能动性相统一

马克思主义哲学的科学世界观和方法论的第四块内容，是唯物主义历史观即历史唯物主义。

历史唯物主义有两个核心观点，一是从静态角度来讲的社会结构理论，强调经济因素、生产力对社会历史发展的最终决定作用与合力论的有机统一；二是从动态来讲的历史过程理论，认为社会发展像自然界春夏秋冬自然更替一样，是一个有

规律可循的历史过程。

这种核心理论，要求我们树立社会结构思维与过程思维。所谓社会结构思维，就是善于从社会结构状况出发来分析社会发展状况，避免单因素决定论；所谓过程思维，就是要把社会发展看作一个有规律可循的历史过程，不能随意脱离社会历史发展阶段，犯落后和超越历史阶段的错误。

把社会结构思维和过程思维转化为人们的工作方法，就是要做到：

第一，运用社会层级结构来分析今天我们工作中的问题。

结构分析可以作为一种分析框架，来解释、分析和解决我们面临的问题。在经济领域，要注重分析和研究经济结构；在政治领域，要注重分析和研究政治结构；在文化领域，要注重分析和研究文化结构；在社会领域，要注重分析和研究社会结构。经济结构、政治结构、文化结构、社会结构，是分析和研究我们这个大社会的根本性的方法，结构是什么样的，事物的存在方式和功能呈现方式就是什么样的。如在经济领域，我们强调调结构、转方式，在文化领域，我们强调弘扬主旋律、尊重多样化，等等，就是如此。

第二，注重事物发展的必然逻辑与历史进程，以尊重历史规律的眼光处理问题。比如，如何运用历史规律来分析新时代中国经济发展方式的转变问题（由物质驱动型经济走向更加注重创新驱动型经济）。根据历史规律我们应认识到，这种转变，既是当代中国经济发展的内在必然逻辑，也是符合当代中国经济发展规律的一种历史进程。实现这种转变，是实现我国经济又好又快发展的根本途径。在物质财富相当贫乏因而必须注重物质财富积累的经济发展阶段，如果把创新驱动型经济当作重点与核心，就是超越历史阶段来看待和对待中国经济发展问题，就是冒进；而在新时代，在当代中国经济发展实践要求转向创新驱动型经济的发展阶段的时候，如果依然固守于物质驱动型经济，那就是落后于历史阶段来看待和对待中国经济发展问题，就是守旧。

第三，在遵循历史规律的前提下，还要注重发挥人的积极性主动性创造性，即发挥人的主观能动性。因为任何事情都是靠人来做的，人的主观能动性发挥得如何，直接影响到事情的成败。我们既不能违背历史发展规律而任性地发挥人的主观能动性，也不能只讲历史规律而轻视人的主观能动性的充分发挥，二者是相互成就的关系，彼此割裂，二者就会成为相互阻滞的关系。

五、人本思维与注重依靠人、为了人、尊重人

马克思主义哲学的科学世界观和方法论的最后一块内容，就是马克思主义人论。

马克思主义人论的核心观点是：人既是手段又是目的，是手段与目的的统一；人既是主体又是客体，是主体与客体的统一；每个人的自由而全面发展是社会主义社会的基本原则和最高价值目标。

马克思主义人论内在要求我们树立人本思维，即把人当作

主体，依靠人；把人看作目的，为了人；把人当作尺度，尊重人。

运用人本思维指导我们的工作，需要把握以下两种工作方法：

一是要依靠人，注重解放人和开发人，解决发展的活力问题，以建立活力社会。如何才能具体做到这一点呢？根据坚持人民至上、坚持以人民为中心的发展思想的要求，我们在工作中，要通过尊重人的正当利益、充分发挥人的能力、尊重个人及其个性、坚持人的自立四种基本手段，来解放人和开发人。在人的主体性日益增强的当代中国社会，人们越来越看重人的价值；在实现个人的社会价值的过程中，人们也越来越看重其自我价值。这对我们提出一个新的要求：在工作中强调人们听话服从和对人的约束的同时，也要依靠人，注重对人的解放和开发，尊重每个人的个人价值及个性差异。这样做，更有利于调动每个人的积极性、主动性和创造性，进而使社会充满生机与活力。当然，在注重解放人的同时，也要注重对人的行为的合理正当的约束，避免"任性""放任""放纵""放肆"。我国改革开放 40 多年来的一条基本经验，就是把解放人和约束人统一起来。

二是强调为了人，注重公平正义，解决发展的和谐问题，以建立社会主义和谐社会。为了人，就要坚持公平正义。公平正义理念的缺失，必然使人们在机会、分配和结果上失去公正，进而影响社会和谐。坚持人民至上、坚持以人民为中心的发展思想，要求我们在工作中努力做到机会公正、分配公正和结果公正，进而要求做到各尽其能、各得其所、和谐相处。这样做，才有利于解决发展过程中的和谐问题，才能真正使人民群众在每一件事情上感受到公平正义。只说不做，人民群众是很难真正切身感受到公平正义的。"感受到"，表明我们的"说法"已经变成了"做法"，有了实效。

第二章

作为马克思主义中国化时代化
表达的世界观和方法论

党的二十大报告首次提出了习近平新时代中国特色社会主义思想的世界观和方法论，即"六个必须坚持"，必须坚持人民至上，必须坚持自信自立，必须坚持守正创新，必须坚持问题导向，必须坚持系统观念，必须坚持胸怀天下①。

"六个必须坚持"，无论是表述还是内容，都是马克思主义世界观和方法论的中国化时代化体现和表达，使马克思主义的科学世界观和方法论成为"中国的"，具有中国风格，也成为"时代的"，体现时代精神。

---

① 习近平. 高举中国特色社会主义伟大旗帜 为全面建设社会主义现代化国家而团结奋斗：在中国共产党第二十次全国代表大会上的报告. 北京：人民出版社，2022：19–21.

一、马克思主义中国化时代化内涵：
"两个结合" + 坚持运用

什么是马克思主义中国化时代化？顾名思义，就是马克思主义基本原理同中国具体实际相结合、同中华优秀传统文化相结合，体现时代精神和时代特征，反映新时代中国实践发展新要求。在逻辑上，马克思主义中国化时代化包含两层含义：（1）空间性和时间性指向；（2）一般性和特殊性内涵。中国化，即主要指向空间性，是马克思主义基本原理与中国这个特定空间的关系；时代化，主要指向"中国特色社会主义进入新时代"这个特定历史时间，是马克思主义基本原理与中国具体历史区间的关系。一般性，即马克思主义基本原理的普遍适用性，是反映自然、人类社会、思维等普遍具有的一般规律；特殊性，即中国社会主义实践在一般性基础上所具有的特质。二者的结合，即一般寓于特殊，特殊体现一般。应该说，马克思主义中国化时代化，在一般意义上，就是马克思主义基本原理的一般性与中国具体特殊性的辩证联系、有机结合。

具体到当前语境，党的十八大以来，国内外形势新变化和实践新要求，迫切需要中国从理论和实践的结合上深入回答关系党和国家事业发展、党治国理政的一系列重大时代课题。如何以全新的视野深化对共产党执政规律、社会主义建设规律、人类社会发展规律的认识，进行理论探索，实现理论创新，就成为摆在中国共产党面前的一项重大历史任务。在新时代中国特色社会主义实践中，中国共产党人深刻认识到："只有把马克思主义基本原理同中国具体实际相结合、同中华优秀传统文化相结合，坚持运用辩证唯物主义和历史唯物主义，才能正确回答时代和实践提出的重大问题，才能始终保持马克思主义的蓬勃生机和旺盛活力。"[①]这是马克思主义中国化时代化进程中的一条基本经验。要言之，如何推进新历史语境下的马克思主义中国化时代化，"两个结合"＋坚持运用就是其基本路径

---

① 习近平.高举中国特色社会主义伟大旗帜 为全面建设社会主义现代化国家而团结奋斗：在中国共产党第二十次全国代表大会上的报告.北京：人民出版社，2022：17.

和基本答案。从一定意义上说，这种基本路径和基本答案构成了马克思主义中国化时代化的总体框架。可以说，这个总体框架，既是新时代语境下马克思主义中国化时代化的科学方法，同时也是新时代中国特色社会主义的重大理论创新。因为这一创新，是中国共产党所取得的重大理论创新成果，便集中体现为习近平新时代中国特色社会主义思想。

在这一框架中，坚持运用辩证唯物主义和历史唯物主义，是马克思主义基本原理或一般性的体现，是新时代语境下，习近平新时代中国特色社会主义思想具有马克思主义一般规定性的前提性保证，是对共产党执政规律、社会主义建设规律、人类社会发展规律进行深入探索的方向性指导。"马克思主义基本原理同中国具体实际相结合、同中华优秀传统文化相结合"，既是马克思主义本性的内在要求，也是中国的特殊性和中国社会主义实践特质的内在要求。从一定意义上说，这也是对中国共产党执政规律、中国社会主义建设规律、包含并基于中国影响的人类社会发展规律进行深入探索的具体路径和主要原则。

马克思主义基本原理如何同中国具体实际相结合？基本逻辑是：运用马克思主义世界观和方法论→解决中国的问题。如何解决？基本逻辑和路径为：从一定历史方位中的实际出发→着眼解决一定历史方位中社会主要矛盾蕴含的实际问题→回答中国之问、世界之问、人民之问、时代之问→得出符合客观规律的科学认识→作出符合中国实际和时代要求的正确回答→形成与时俱进的理论成果→更好指导中国实践①。可以看出，同中国具体实际相结合，在如何结合上，强调出发点是一定历史方位中的实际，着眼点是解决一定历史方位中的社会主要矛盾所蕴含的实际问题，聚焦点是中国之问、世界之问、人民之问、时代之问，目标指向是指导中国实践，即"立足实际→着眼问题→聚焦四问→指导实践"之路径。在方法论意义上，遵循了"实践→认识→再实践"之规律。在为什么结合上，强调要为回答中国之问、世界之问、人民之问、时代之问，作出符合中国实际和时代要求的正确回答，得出符合客观规律的科学认识，形成与时俱进的理论成果，即突出"正确回答→符合规律→与时俱进"这些在结合中必须注重的关键环节。怎样才算结合好了？党的二十大报告强调"解决中国的问题"和"更好指导中国实践"。就是说，成功的结合有两个方面的标准：能解决中国的问题，能更好指导中国实践。能解决中国的问题，即成效性标准，是结果导向，以成就论英雄；能更好指导中国实践，即历史性标准，是从战略上、从历史发展进程上看意义和影响，侧重长远性。简言之，如何同中国具体实际相结合，党的二十大报告给出了为何结合、如何结合、怎样才是最好结合的综合性回答，体现了科学性和价值性相统一原则。

---

① 习近平.高举中国特色社会主义伟大旗帜 为全面建设社会主义现代化国家而团结奋斗：在中国共产党第二十次全国代表大会上的报告.北京：人民出版社，2022：17–18.

马克思主义基本原理如何同中华优秀传统文化相结合？文本的逻辑是：中华优秀传统文化的精髓蕴含在宇宙观、天下观、社会观、道德观及其重要体现中→这些精髓同科学社会主义价值观主张具有高度契合性→把马克思主义思想精髓同中华优秀传统文化精华贯通、同人民群众的共同价值观念融通，彰显其时代意义→让马克思主义在中国牢牢扎根，使其根深叶茂→夯实马克思主义中国化时代化的历史基础和群众基础[①]。由此可以看出，马克思主义基本原理如何同中华优秀传统文化相结合，关键在两个环节，即在坚持和发展马克思主义基本原理的前提下，使马克思主义思想精髓同中华优秀传统文化精华贯通，同人民群众的共同价值观念融通，并彰显其时代意义，这可概括为"文化精华贯通 + 共同价值观念融通"。"精华贯通"，强调了中华优秀传统文化精华与马克思主义思想精髓的共通性，是马克思主义基本原理同中华优秀传统文化之所以能相结合的历史基础，体现了人类文明的普遍适用性一面；"观念融通"，强调了人民群众的共同价值观念与科学社会主义价值观主张之间的契合性，是马克思主义基本原理同中华优秀传统文化之所以能相结合的群众基础，体现的是人民诉求与科学社会主义价值观主张之间的"需求 – 满足"之逻辑。这样，一个历史客观性支撑，一个历史主体性支持，二者形成了马克思主

---

① 习近平. 高举中国特色社会主义伟大旗帜 为全面建设社会主义现代化国家而团结奋斗：在中国共产党第二十次全国代表大会上的报告. 北京：人民出版社，2022：18.

义基本原理同中华优秀传统文化相结合的强大保障体系。从一定意义上说，马克思主义在中国牢牢扎根，不仅必然能，还必然行，更必然好。

二、习近平新时代中国特色社会主义思想的世界观和方法论的形成：历史逻辑

习近平新时代中国特色社会主义思想的世界观和方法论，历史性地承继了中国共产党人的世界观和方法论，蕴含着马克思主义世界观和方法论中国化时代化的历史逻辑①。理解这一历史逻辑，可以聚焦以下两个方面：

第一，从中国共产党发展史来看，中国共产党人对世界观

---

① 徐海峰.从三重逻辑，深刻理解"六个必须坚持".中国青年网，2023-02-27.

和方法论的探索体现出历史继承性。可以从独立自主、自信自立、问题导向等几个方面去体会。比如，理论方面，毛泽东思想的世界观和方法论集中体现在实事求是、群众路线、独立自主三个基本方面，可以说，这些为中国化马克思主义世界观和方法论的发展奠定了理论基础，形成了理论探索的起点。实践方面，事实反复表明，独立自主是党在理论和实践上的立足点。例如，新中国成立前，毛泽东认为"中国必须独立"，"中国的事情必须由中国人民自己作主张，自己来处理"①。改革开放和社会主义现代化建设新时期，邓小平说，"我们搞的现代化，是中国式的现代化"，"我们主要是根据自己的实际情况和自己的条件，以自力更生为主"②。综合起来看，自主性、从实际出发、中国式、自力更生等，都体现了坚持自信自立的理念和思路。再比如，中国共产党人干革命、搞建设、抓改革，从来都是为了解决中国的现实问题，都是着眼于时代需求的。正是以问题为导向，不断回答中国之问、世界之问、人民之问、时代之问，我们才能推进马克思主义中国化时代化。就此而言，习近平新时代中国特色社会主义思想的世界观和方法论具有历史传承的内在必然性。

　　第二，从马克思主义发展史看，"六个必须坚持"可以视为马克思主义世界观和方法论的最新成果③。可以从几个方面思考

---

① 毛泽东.毛泽东选集：第4卷.2版.北京：人民出版社，1991：1465.

② 邓小平.邓小平文选：第3卷.北京：人民出版社，1993：29.

③ 周丹."六个必须坚持"是马克思主义世界观方法论的最新成果.中国共产党新闻网，2023-07-10.

和把握。其一,"必须坚持人民至上"与马克思主义的群众史观之间具有继承和发展之关系。习近平指出:"江山就是人民,人民就是江山。中国共产党领导人民打江山、守江山,守的是人民的心。"①在中国特色社会主义伟大实践中,我们党始终站稳人民立场、把握人民愿望、尊重人民创造、集中人民智慧,这是一脉相承的;始终把人民群众对美好生活的向往作为奋斗目标,在中国式现代化进程中不断实现社会全面进步和人的全面发展,这是新的发展。其二,"必须坚持自信自立"丰富和发展了马克思主义的历史辩证法。一方面,中国特色社会主义道路是党带领人民独立自主开辟出来的,贯穿其中的一个基本点就是中国的问题必须从中国基本国情出发,由中国人自己来解答。这是对马克思主义理论的继承。另一方面,马克思主义的历史辩证法要求我们必须坚持主观与客观、内因与外因、历史与逻辑相统一。自信自立、独立自主不仅是我们党在100多年奋斗中锤炼出来的精神品质,也是我们立党立国的重要原则。这又是在新时代对辩证法的发展。其三,"必须坚持守正创新"丰富和发展了马克思主义的实践认识论。习近平新时代中国特色社会主义思想坚持把马克思主义基本原理同中国具体实际相结合、同中华优秀传统文化相结合。作为实践创新和理论创新良性互动的思想结晶,这一理论体系真正做到了守正与创新的辩证统一,以科学的态度对待科学,以真理的精神追求真理。其四,"必须坚持问题导向"与马克思主义的矛盾分析法的关系,也显示出了

---

① 习近平. 习近平著作选读:第 1 卷. 北京:人民出版社,2023:38.

继承和发展的关系。习近平指出："问题是时代的声音，回答并指导解决问题是理论的根本任务。"[①]坚持问题导向，发扬了马克思主义理论的鲜明风格和重要品质。其五，"必须坚持系统观念"丰富和发展了马克思主义的普遍联系的观点。这一思想体系坚持透过历史看现实、透过现象看本质，正确把握全局和局部、当前和长远、宏观和微观、主要矛盾和次要矛盾、特殊和一般的关系，坚持运用战略思维、历史思维、辩证思维、系统思维、创新思维、法治思维、底线思维，能够前瞻性思考、全局性谋划、整体性推进党和国家各项事业。其六，"必须坚持胸怀天下"丰富和发展了马克思主义的世界历史理论。实现全人类解放和每个人的自由全面发展，是马克思主义一以贯之的最高理想和价值追求。中国共产党是为中国人民谋幸福、为中华民族谋复兴的党，也是为人类谋进步、为世界谋大同的党。坚持胸怀天下的世界观和方法论，不仅是对马克思主义世界历史理论的继承和发展，更体现了马克思主义立足人类解放的理想和胸怀。在此基础上，习近平新时代中国特色社会主义思想主张构建人类命运共同体，弘扬和平、发展、公平、正义、民主、自由的全人类共同价值，推动建设相互尊重、公平正义、合作共赢的新型国际关系，为解决人类重大问题，建设持久和平、普遍安全、共同繁荣、开放包容、清洁美丽的世界，贡献中国智慧和中国方案。

---

① 习近平.习近平著作选读：第 1 卷 . 北京：人民出版社，2023：17.

三、开辟马克思主义中国化时代化新境界：四个"第一次"

开辟马克思主义中国化时代化新境界，关键是新在哪里？概括说，新在增加了"一个行"，新在第一次强调开辟马克思主义"时代化"新境界，新在第一次对"两个结合"的内涵展开了论述，新在第一次提炼概括出习近平新时代中国特色社会主义思想的世界观和方法论，新在第一次把习近平新时代中国特色社会主义思想的主要内容概括为"十个明确""十四个坚持""十三个方面成就"，三者有内在逻辑；这些新意，从方法、术语、内容及核心要义等诸多方面显示了，在新时代新征程上，马克思主义中国化时代化已经开始向纵深发展。

习近平新时代中国特色社会主义思想以"两个结合"科学方法，着眼解决关系新时代党和国家事业发展的一系列重大理论和实践问题，开辟了马克思主义中国化时代化新境界。深入学习这一重大论断，可以从新的术语表述、新的方法阐述、新提炼、新概括等几个方面去把握。

1. 新的术语表述：增加了"一个行"，第一次强调开辟马克思主义"时代化"新境界

术语表述是一个思想体系展示给外部的最直接方面，通过术语表述的变化可以直观判断其变化的关键点。党的二十大报告强调，中国共产党为什么能，中国特色社会主义为什么好，归根到底是马克思主义行，是**中国化时代化**的马克思主义行，增加了"一个行"。党的二十大报告设置"开辟马克思主义中国化时代化新境界"板块，第一次强调开辟马克思主义"时代化"新境界。在术语表述上，这两个方面是重大变化，应予以关注。

增加"中国化时代化的马克思主义行"，扩展了马克思主义与时俱进的时代内涵，其本质上是中国推进马克思主义理论和实践创新的能力行。所谓中国化时代化的马克思主义，在结构上，马克思主义是中心语，中国化时代化是限定语；在逻辑上，包含着"马克思主义→中国化时代化的马克思主义"链条

和层次，体现的是马克思主义基本原理同中国实践和时代需求的结合。马克思主义行，是因为马克思主义基本原理具有科学性和实践性，能成功指导中国实践，解决中国的问题。中国化时代化的马克思主义行，是因为马克思主义基本原理具有一般性；中国实践，不同时代的中国面对不同的课题，体现的是特殊性。一般寓于特殊之中，特殊体现一般，中国化和时代化后的马克思主义，对解决中国的问题和指导中国实践来说，更具有针对性，更具有直接现实意义。在这一意义上，"中国化时代化的马克思主义行"，本质上是马克思主义与时俱进的成果行，是中国推进马克思主义理论和实践创新的能力行，体现了我们党在发展马克思主义上的自信自强。党的二十大报告增加"中国化时代化的马克思主义行"，从理论上看，是扩展了马克思主义与时俱进的时代内涵，在本质上，反映着我们党推进马克思主义理论和实践创新的能力行。

强调开辟马克思主义"时代化"新境界，聚焦当今百年未有之大变局，自觉回应时代之关切，本质上是中国成功回答了当今时代之问、历史之问。实践反复证明，一个民族要走在时代前列，就一刻不能没有理论思维，一刻不能没有正确思想指引。马克思主义是我们立党立国、兴党兴国的根本指导思想，拥有马克思主义科学理论指导是我们党坚定信仰信念、把握历史主动的根本所在。党的十八大以来，国内外形势新变化和实践新要求，迫切需要我们从理论和实践的结合上深入回答关系党和国家事业发展、党治国理政的一系列重大时代课题。以习近平同志为主要代表的中国共产党人勇于进行理论探索和创新，以全新的视野深化对共产党执政规律、社会主义建设规律、人类社会发展规律的认识，取得重大理论创新成果，集中体现为习近平新时代中国特色社会主义思想。这一思想，着眼当今世界百年未有之大变局，聚焦中华民族伟大复兴，针对时代之问、历史之问，运用马克思主义世界观和方法论，同当今中国具体实际相结合、同中华优秀传统文化相结合，明确坚持和发展中国特色社会主义的基本方略，提出一系列治国理政新理念新思想新战略，实现了马克思主义中国化时代化新的飞跃，为新时代党和国家事业发展提供了根本遵循，体现了我们党在发展马克思主义上的历史主动。

2. 新的方法阐述：第一次对"两个结合"的内涵展开论述

"两个结合"是党推进马克思主义理论创新历史经验的集中体现，蕴含着深邃的历史与理论发展规律。推进马克思主义中国化时代化，必须充分把握这一科学论断的内在要求与理论逻辑。党的二十大报告提出，坚持和发展马克思主义，必须同中国具体实际相结合。强调同中国具体实际相结合，本质上"是要运用其科学的世界观和方法论解决中国的问题，而不是要背诵和重复其具体结论和词句"[①]。报告提出，坚持和发展

[①] 习近平.高举中国特色社会主义伟大旗帜 为全面建设社会主义现代化国家而团结奋斗：在中国共产党第二十次全国代表大会上的报告.北京：人民出版社，2022：17.

马克思主义，必须同中华优秀传统文化相结合。强调同中华优秀传统文化相结合本质上是"把马克思主义思想精髓同中华优秀传统文化精华贯通起来、同人民群众日用而不觉的共同价值观念融通起来"①。这些论述，聚焦"两个结合"的内涵，比较新，也比较深。

同中国具体实际相结合，本质是运用马克思主义的世界观和方法论解决中国的问题，关键是要成功解决中国的问题。如何运用马克思主义的科学世界观和方法论解决中国的问题，报告强调，"从实际出发，着眼解决新时代改革开放和社会主义现代化建设的实际问题，不断回答中国之问、世界之问、人民之问、时代之问，作出符合中国实际和时代要求的正确回答，得出符合客观规律的科学认识，形成与时俱进的理论成果"②。在上述论述中，立足实际→着眼解决实际问题→符合中国实际和时代要求→符合客观规律→与时俱进，构成"同中国具体实际相结合"这一方法的基本内核。在这一内核中，"立足实际→着眼解决实际问题→与时俱进"是一种方法论性质的要素，是一种认知框架。该框架意味着，解决中国的问题，立足点是实际，着眼点是存在的问题，基本方法就是用发展的观点分析、解决问题。而且，在这一内核中，"符合中国实际和时代要求→符合客观规律"是一种目的性要素，本质上是一种认知

---

　　① 习近平 . 高举中国特色社会主义伟大旗帜 为全面建设社会主义现代化国家而团结奋斗：在中国共产党第二十次全国代表大会上的报告 . 北京：人民出版社，2022：18.
　　② 同① 17–18.

路径（合目的＋合规律），即必须满足"中国－当今时代"这种特定时空条件下的社会发展需求，必须遵循事物发展的必然趋势。这意味着，在实践中必须实现满足需求和遵循规律的有机统一，必须实现追求真理和实现价值的有机统一。

同中华优秀传统文化相结合，核心是把马克思主义思想精髓同中华优秀传统文化精华贯通起来、同人民群众的共同价值观念融通起来，最终目的是让马克思主义在中国牢牢扎根。如何让马克思主义在中国牢牢扎根？党的二十大报告强调，"中华优秀传统文化源远流长、博大精深，是中华文明的智慧结晶，其中蕴含的天下为公、民为邦本、为政以德、革故鼎新、任人唯贤、天人合一、自强不息、厚德载物、讲信修睦、亲仁善邻等，是中国人民在长期生产生活中积累的宇宙观、天下观、社会观、道德观的重要体现，同科学社会主义价值观主张具有高度契合性。我们必须坚定历史自信、文化自信，坚持古为今用、推陈出新，把马克思主义思想精髓同中华优秀传统文化精华贯通起来、同人民群众日用而不觉的共同价值观念融通起来，不断赋予科学理论鲜明的中国特色，不断夯实马克思主义中国化时代化的历史基础和群众基础"①。这些重要论述，内含如下框架：中华优秀传统文化中的宇宙观、天下观、社会观、道德观与科学社会主义价值观，二者之间具有

---

① 习近平. 高举中国特色社会主义伟大旗帜 为全面建设社会主义现代化国家而团结奋斗：在中国共产党第二十次全国代表大会上的报告. 北京：人民出版社，2022：18.

高度契合性；马克思主义思想精髓＋（①中华优秀传统文化精华；②人民群众日用而不觉的共同价值观念）→（马克思主义中国化时代化的）历史基础＋群众基础。上述框架，具有两层内涵。一是其之所以能结合，在于中华优秀传统文化中的宇宙观、天下观、社会观、道德观等与科学社会主义价值观具有高度契合性。二是其如何结合，体现在两个维度上：一个是在历史性上，马克思主义思想精髓与中华优秀传统文化精华相结合；另一个是在群众性上，马克思主义思想精髓与人民群众日用而不觉的共同价值观念相结合。在逻辑上，前者侧重历时性，后者侧重共时性，这样，历时性和共时性实现了有机统一。简言之，关于同中华优秀传统文化相结合，党的二十大报告从"何以能"和"如何能"两个方面进行了论述。这是关于"两个结合"论述的关键所在。这意味着，让马克思主义在中国牢牢扎根，为什么能和怎样才能，两个根本性问题都解决了。这预示着，马克思主义基本原理同中华优秀传统文化相结合，无论是在理论上还是在实践上，都具备了强大的逻辑支撑和实践基础。马克思主义中国化时代化开始向纵深发展。

3. 新提炼：第一次提炼概括出习近平新时代中国特色社会主义思想的世界观和方法论

党的二十大报告提出："继续推进实践基础上的理论创新，首先要把握好新时代中国特色社会主义思想的世界观和方法论，坚持好、运用好贯穿其中的立场观点方法。"①对此，报告明确提出"六个必须坚持"——必须坚持人民至上、必须坚持自信自立、必须坚持守正创新、必须坚持问题导向、必须坚持系统观念、必须坚持胸怀天下。在学习贯彻中认真领会"六个必须坚持"，才能深入领会党的创新理论的"道理学理哲理"，才能做到知其言更知其义、知其然更知其所以然，从而切实把党的创新理论贯彻落实到党和国家工作的各方面全过程。

　　从文本上看，"六个必须坚持"要点如下：（1）必须坚持人民至上（站稳人民立场、把握人民愿望、尊重人民创造、集中人民智慧）；（2）必须坚持自信自立（基本点就是中国的问题必须从中国基本国情出发，由中国人自己来解答）；（3）必须坚持守正创新（守正才能不迷失方向、不犯颠覆性错误，创新才能把握时代、引领时代）；（4）必须坚持问题导向（问题是时代的声音，回答并指导解决问题是理论的根本任务；聚焦实践中遇到的新问题、改革发展稳定存在的深层次问题、人民群众急难愁盼问题、国际变局中的重大问题、党的建设面临的突出问题）；（5）必须坚持系统观念（用普遍联系的、全面系统的、发展变化的观点观察事物；战略思维、历史思维、辩证思维、系统思维、创新思维、法治思维、底线思维）；（6）必须坚持胸怀天下（为中国人民谋幸福、为中华民族谋复兴，为

---

　　①　习近平.高举中国特色社会主义伟大旗帜 为全面建设社会主义现代化国家而团结奋斗：在中国共产党第二十次全国代表大会上的报告.北京：人民出版社，2022：18–19.

人类谋进步、为世界谋大同；为解决人类面临的共同问题作出
贡献；借鉴吸收人类一切优秀文明成果）。在结构上，"六个必
须坚持"体现出如下框架：人民至上→自信自立→（守正创
新＋问题导向＋系统观念）→胸怀天下。从逻辑上看，对应
如下脉络：人民立场→主体性→方法论→天下价值观。其中，
人民立场，是历史唯物主义的人民性问题；主体性，是辩证唯
物主义的主客辩证关系问题，是关于主观能动性、历史主动性
问题；方法论，是关于思维方式和经验提炼的问题；天下价值
观，是关于人类情怀、世界视野的问题，也是马克思主义关于
人类解放问题的时代性体现。综合上述，可以说，"六个必须
坚持"清晰构建了当今中国如何坚持以马克思主义为指导，运
用其科学世界观和方法论解决中国问题的哲学之框架。这就
是，坚持人民立场，发挥主观能动性、发扬历史主动精神，提
炼经验、形成方法论，胸怀天下、大同世界。这意味着，新时
代新征程上，马克思主义中国化时代化进程开始向哲学高度迈
进，开始指向立场观点方法层面。马克思主义中国化时代化已
经向纵深发展。

**4. 新概括：第一次把习近平新时代中国特色社会主义思想
的主要内容概括为"十个明确""十四个坚持""十三个方面
成就"**

党的二十大报告提出，"十八大以来……我们从理论和实
践的结合上深入回答关系党和国家事业发展、党治国理政的一

系列重大时代课题……以全新的视野深化对共产党执政规律、社会主义建设规律、人类社会发展规律的认识，取得重大理论创新成果，集中体现为新时代中国特色社会主义思想。十九大、十九届六中全会提出的'十个明确'、'十四个坚持'、'十三个方面成就'概括了这一思想的主要内容"①。如何把握这一最新概括？可以读原文悟原理。

从原文看，"十个明确"是：（1）明确中国特色社会主义最本质的特征是中国共产党领导，中国特色社会主义制度的最大优势是中国共产党领导，中国共产党是最高政治领导力量，全党必须增强"四个意识"、坚定"四个自信"、做到"两个维护"；（2）明确坚持和发展中国特色社会主义，总任务是实现社会主义现代化和中华民族伟大复兴，在全面建成小康社会的基础上，分两步走在本世纪中叶建成富强民主文明和谐美丽的社会主义现代化强国，以中国式现代化推进中华民族伟大复兴；（3）明确新时代我国社会主要矛盾是人民日益增长的美好生活需要和不平衡不充分的发展之间的矛盾，必须坚持以人民为中心的发展思想，发展全过程人民民主，推动人的全面发展、全体人民共同富裕取得更为明显的实质性进展；（4）明确中国特色社会主义事业总体布局是经济建设、政治建设、文化建设、社会建设、生态文明建设五位一体，战略布局是全面建

---

① 习近平．高举中国特色社会主义伟大旗帜 为全面建设社会主义现代化国家而团结奋斗：在中国共产党第二十次全国代表大会上的报告．北京：人民出版社，2022：16-17.

设社会主义现代化国家、全面深化改革、全面依法治国、全面从严治党四个全面；（5）明确全面深化改革总目标是完善和发展中国特色社会主义制度、推进国家治理体系和治理能力现代化；（6）明确全面推进依法治国总目标是建设中国特色社会主义法治体系、建设社会主义法治国家；（7）明确必须坚持和完善社会主义基本经济制度，使市场在资源配置中起决定性作用，更好发挥政府作用，把握新发展阶段，贯彻创新、协调、绿色、开放、共享的新发展理念，加快构建以国内大循环为主体、国内国际双循环相互促进的新发展格局，推动高质量发展，统筹发展和安全；（8）明确党在新时代的强军目标是建设一支听党指挥、能打胜仗、作风优良的人民军队，把人民军队建设成为世界一流军队；（9）明确中国特色大国外交要服务民族复兴、促进人类进步，推动建设新型国际关系，推动构建人类命运共同体；（10）明确全面从严治党的战略方针，提出新时代党的建设总要求，全面推进党的政治建设、思想建设、组织建设、作风建设、纪律建设，把制度建设贯穿其中，深入推进反腐败斗争，落实管党治党政治责任，以伟大自我革命引领伟大社会革命。

"十四个坚持"是：（1）坚持党对一切工作的领导；（2）坚持以人民为中心；（3）坚持全面深化改革；（4）坚持新发展理念；（5）坚持人民当家作主；（6）坚持全面依法治国；（7）坚持社会主义核心价值体系；（8）坚持在发展中保障和改善民生；（9）坚持人与自然和谐共生；（10）坚持总体国家

安全观；（11）坚持党对人民军队的绝对领导；（12）坚持"一国两制"和推进祖国统一；（13）坚持推动构建人类命运共同体；（14）坚持全面从严治党。

"十三个方面成就"涉及：（1）坚持党的全面领导；（2）全面从严治党；（3）经济建设；（4）全面深化改革开放；（5）政治建设；（6）全面依法治国；（7）文化建设；（8）社会建设；（9）生态文明建设；（10）国防和军队建设；（11）维护国家安全；（12）坚持"一国两制"和推进祖国统一；（13）外交工作。

笔者以为，关于党的二十大报告将习近平新时代中国特色社会主义思想的主要内容概括为"十个明确""十四个坚持""十三个方面成就"，可以作这样三个基本判断：一是三者的内在逻辑体现为**"理论指导→基本方略→历史性成就"**。二是三者之间贯穿的核心要素及其链条结构为**"中国特色社会主义→总体布局→战略布局→重大领域（国防和军队、外交、"一国两制"和祖国统一、国家安全）"**。三是从深层次看，上述逻辑及链条显示出，习近平新时代中国特色社会主义思想贯穿了这样一个理念，即治国理政。其中，治国之逻辑为："**中国特色社会主义→'五位一体'总体布局→'四个全面'战略布局＋重大领域（国防和军队、外交、"一国两制"和祖国统一、国家安全）**"；理政之逻辑为："**党政军→内政外交国防→改革发展稳定**"。可以说，这是我们悟原理得到的初步结论。

此外，党的二十大报告还第一次以"六个必须坚持"的世界观和方法论，开辟了习近平新时代中国特色社会主义思想的哲学新境界。关于这一点，我们会在相关部分加以阐述。

总之，党的十八大以来，以习近平同志为核心的党中央坚持把马克思主义基本原理同中国具体实际相结合、同中华优秀传统文化相结合，提出一系列治国理政新理念新思想新战略，不断丰富和发展习近平新时代中国特色社会主义思想，开辟了马克思主义中国化时代化新境界。深入理解我们党这一重大论断，关键是把握上述四个"第一次"及其深刻时代内涵，这些新意，从方法、术语、内容及核心要义等诸多方面显示了，在新时代新征程上，马克思主义中国化时代化已经开始向纵深发展，马克思主义中国化时代化新篇章已经在全面建设社会主义现代化国家、全面推进中华民族伟大复兴的实践中徐徐展开。

第三章

作为开辟习近平新时代
中国特色社会主义思想
哲学新境界的世界观和
方法论

中国特色社会主义进入新时代，我们党在推进马克思主义中国化时代化历史进程中，取得了重大理论创新成果。我们党对这种重大理论创新成果的认识，是不断深化的。我们需要按照历史思维，沿着历史的逻辑，对党的十八大以来我们党的重大理论创新成果历史演进的逻辑进行简要的梳理。

一、"习近平总书记系列重要讲话"：治国理政的道理

　　党的十八大以来，我们党对党的创新理论成果，最初的表述是"习近平总书记系列重要讲话"。"系列重要讲话"，实际上讲的更多的是习近平总书记治国理政的道理。

　　党的十八大以后，习近平总书记在治国理政实践中，就重大或重要工作作出了一系列重要部署和安排，提出了一系列重要方略，向各级领导干部提出许多重要要求，其治国理政的工作性质相对鲜明。如"五位一体"总体布局、"四个全面"战

略布局等。

我们看看《习近平谈治国理政》第一卷，看看党的十八大以后一段时间习近平总书记系列重要讲话，就比较清楚了。

《习近平谈治国理政》第一卷总共 18 个专题，即坚持和发展中国特色社会主义、实现中华民族伟大复兴的中国梦、全面深化改革、促进经济持续健康发展、建设法治中国、建设社会主义文化强国、推进社会事业和社会管理改革发展、建设生态文明、推进国防和军队现代化、丰富"一国两制"实践和推进祖国统一、走和平发展道路、推动构建新型大国关系、做好周边外交工作、加强与发展中国家团结合作、积极参与多边事务、密切党同人民群众联系、推进反腐倡廉建设、提高党的领导水平。除了第一、第二、第三、第十一个专题含有治国理政的某些理念、思想外，其余 14 个专题，大都讲的是治国理政的工作部署、方略和要求。

党的十八大以后一段时间习近平总书记系列重要讲话，虽具有一些思想理论含量，但总体上是治国理政工作的部署、方略和安排，即讲的大多数是"事理"。那时，因时间和实践的关系，还未明确提出治国理政的"学理和哲理"。所以，起初，我们对党的创新理论成果的认识，用"习近平总书记系列重要讲话"来概括，是最贴切不过了。

二、"习近平治国理政新理念新思想新战略"：治国理政的学理性表达

后来，我们党进一步对"习近平总书记系列重要讲话"予以聚焦和提炼，提出了"习近平治国理政新理念新思想新战略"。这就初步把习近平总书记治国理政的道理上升到学理，新理念新思想新战略大都属于学理性范畴。

"习近平治国理政新理念新思想新战略"这一表述的学理性主要体现在：第一，条理化了。新理念、新思想、新战略讲的是三个层次或层面，这是条理化的一个重要体现。第二，逻

辑化了。它先讲理念，理念的展开及其系统化，就是思想，思想付诸实践，就是要作出战略谋划。第三，其话语表述本身就是学理性的体现。相对于"系列重要讲话"而言，"新理念新思想新战略"这种学理性的表述，讲的是"重要讲话"中的"理念""思想""战略"，而不是"重要讲话"本身。它告诉我们：可以从理念、思想、战略三个层面来理解和把握习近平总书记治国理政实践中蕴含的学理。

　　这从《习近平谈治国理政》第二卷就可以看出来。第二卷的专题是：坚持和发展中国特色社会主义，实现中华民族伟大复兴的中国梦；决胜全面建成小康社会；将改革进行到底；建设社会主义法治国家；推动全面从严治党向纵深发展；坚定不移贯彻新发展理念；适应、把握、引领经济发展新常态；发展社会主义民主政治；坚定文化自信；在发展中保障和改善民生；建设美丽中国；开启强军兴军新征程；坚持"一国两制"，推进祖国统一；推进中国特色大国外交；坚持和平发展，促进合作共赢；促进"一带一路"国际合作；推动构建人类命运共同体。全书总共 17 个专题，其中第一、第二、第七、第八、第十、第十七个专题明确讲的新理念新思想新战略，其他专题的思想理论含量也增多了。显然，这里更多地从新理念新思想新战略谈治国理政了，用"习近平治国理政新理念新思想新战略"的表述，是最为贴切的。这是对治国理政的一个鲜明的学理性提升和学理性表达，也表明我们党对新时代治国理政做到了一定的认识自觉、理论自觉、思想自觉和实践自觉。

三、从"八个明确""十四个坚持"到"十个明确""十四个坚持""十三个方面成就":习近平新时代中国特色社会主义思想的学理性阐释

党的十九大进一步对"新理念新思想新战略"进行提升和概括,第一次提出了习近平新时代中国特色社会主义思想的"八个明确""十四个坚持"的基本观点和基本方略,使习近平新时代中国特色社会主义思想的学理性得到更加充分的彰显。

　　首先，明确把习近平治国理政新理念新思想新战略提升为习近平新时代中国特色社会主义思想，这是一种新的科学思想体系的表述，力求将习近平治国理政新理念新思想新战略上升为科学思想体系，上升为一种学理形态。其次，表述的条理性更加鲜明，"八个明确"和"十四个坚持"加起来共22条，条理清晰。再次，第一次对习近平新时代中国特色社会主义思想的基本点（基本要素）作出了纲领性提炼和概括。最后，表述的结构性也较为突出了。"八个明确"是"基本观点"，属于理论范畴，"十四个坚持"是"基本方略"，属于"实践"范畴，从理论和实践两个板块来表达习近平新时代中国特色社会主义思想。有条理、有要素（有纲领性）、有结构，就是有了一种科学思想体系的基本特点，显然，这是一种对习近平新时代中国特色社会主义思想的学理形态的表达。

　　党的十九届六中全会对"八个明确""十四个坚持"作了进一步提升、凝练和概括，提出了习近平新时代中国特色社会主义思想的"十个明确"。"十个明确"对"八个明确""十四个坚持"来说，实现了两方面的提升：第一是从"基本"到"根本"的提升。"八个明确""十四个坚持"，是习近平新时代中国特色社会主义思想的基本观点和基本方略，属于"基本点""基本要素""基本框架"，是纲领性的，而"十个明确"则属于习近平新时代中国特色社会主义思想的"根本方面"，属于"根本点"，是核心要义。第二是从目到纲的提升。"八个明确""十四个坚持"，是习近平新时代中国特色社会主义思想的"目",即基本观点和基本方略,而"十个明确",则是习近平新时代中国特色社会主义思想的"纲",即根本,这是"纲举目张"。显然,这种进一步的提炼和提升,使习近平新时代中国特色社会主义思想的学理形态更加鲜明地得到彰显。

党的二十大整合上述成果,提出,党的十八大以来,我们党勇于进行探索和创新,以全新的视野深化对共产党执政规律、社会主义建设规律、人类社会发展规律的认识,取得重大理论创新成果,集中体现为习近平新时代中国特色社会主义思想,这一思想的主要内容就是党的十九大、十九届六中全会提出的"十个明确""十四个坚持""十三个方面成就"①。这就使习近平新时代中国特色社会主义思想的学理形态得以完整且充分地展现出来。

之所以这么说,是因为这三个方面内容不只是罗列那么简单,它们有其深刻的学理依据:

一是它们有其创立和形成的逻辑。也就是说,是按照从时代到思想、从实践到理论、从具体到抽象、从"目"到"纲"、从基本到根本的思路形成发展逻辑,创立了习近平新时代中国特色社会主义思想。时代是思想之母,实践是理论之源。"十四个坚持"是以习近平同志为核心的党中央治国理政的基本方略,"十三个方面成就"是以习近平同志为核心的党中央推动党和国

---

① 习近平.高举中国特色社会主义伟大旗帜 为全面建设社会主义现代化国家而团结奋斗:在中国共产党第二十次全国代表大会上的报告.北京:人民出版社,2022:16-17.

家事业取得的历史性成就、发生的历史性变革，"十个明确"是以习近平同志为主要代表的中国共产党人深刻总结并充分运用党成立以来的历史经验，从新的实际出发，对所创立的习近平新时代中国特色社会主义思想作出的凝练性表达。显然，习近平新时代中国特色社会主义思想牢牢扎根于时代和实践之中，植根于"基本方略"与"历史性成就、历史性变革"之中，立足于历史经验和新的实际之中，它根深叶茂。我们不能离开"十个明确""十四个坚持""十三个方面成就"来理解和把握习近平新时代中国特色社会主义思想及其形成发展，也不能离开"十四个坚持""十三个方面成就"，来理解和把握"十个明确"。否则，就容易把这一思想抽象化、概念化。

二是它们有其理论逻辑。"十个明确""十四个坚持""十三个方面成就"三者之间是具有严密的理论逻辑的，这就是以习近平同志为核心的党中央运用"十四个坚持"的基本方略治国理政，取得了"十三个方面成就"，基于这种基本方略和历史性成就，可进一步提升概括出习近平新时代中国特色社会主义思想的"十个明确"。因而，我们要从"十个明确""十四个坚持""十三个方面成就"的统一上，来完整把握习近平新时代中国特色社会主义思想的学理形态。

四、"六个必须坚持"：习近平新时代中国特色社会主义思想的哲理及其精髓要义

党的二十大在对"十个明确""十四个坚持""十三个方面成就"进行提升、凝练的基础上，第一次明确且完整地概括出了习近平新时代中国特色社会主义思想的世界观和方法论及贯穿其中的立场观点方法[①]。这就进一步把习近平新时代中国特

---

① 习近平.高举中国特色社会主义伟大旗帜 为全面建设社会主义现代化国家而团结奋斗：在中国共产党第二十次全国代表大会上的报告.北京：人民出版社，2022：18-19.

色社会主义思想的认识提升到哲学层面，使我们对习近平新时代中国特色社会主义思想的认识由学理向哲理上深化和提升，它开辟了习近平新时代中国特色社会主义思想的哲学新境界。

我们曾经说过，世界观，是人们观察（认识、解释）世界的根本的思想观念，它决定的是以什么样的根本的思想观念观察（认识、解释）世界，主要回答世界从根本上"是"什么的问题，总体上属于解释（认识）世界的哲学范畴。比如，对于同一个人，有人把她看成"一朵花"，有人却认为她不美。为什么呢？这与人们所具有的不同的思想观念有关；再如，对于俄乌冲突这样一个世界历史性事件，有的人为俄罗斯说话，有的人为乌克兰说话，有的人持中间立场。为什么呢？这也与不同的人所持有的不同的思想观念有关。方法论，是人们改变世界的根本方法，即以什么样的根本方法改变世界，主要解决"怎么办"的问题，总体上属于改变世界的哲学范畴。一般来说，有什么样的世界观，就往往会有什么样的方法论。比如，西方国家的世界观是"主客二分"或"主客对立"，认为主统治客，"客随主便"。它们按照这种世界观来改变世界，采取的方式和方法，自然就是"资本掠夺""殖民扩张"，"资本"走到哪里，资本掠夺就走到哪里。西方国家曾在全世界大搞殖民主义扩张，世界上许多国家和地区都曾是西方国家的殖民地。我们中国的世界观是"世界大同"，我们依据这样的世界观来改变不合理世界的方式和方法，就是协和万邦、兼济天下，就是和平发展、合作共赢，就是各美其美、美美与共，就是携手共建人类命运共同体。

认识（解释）世界和改变世界是哲学的两个基本功能。正因如此，哲学的世界观和方法论在人们认识（解释）世界和改变世界中具有十分重要的地位和作用。马克思的《关于费尔巴哈的提纲》第十一条明确讲道："哲学家们只是用不同的方式解释世界，而问题在于改变世界。"①这一条就刻在了马克思的墓碑上，作为墓志铭。可见，解释世界和改变世界，在马克思的哲学和马克思主义哲学中，具有根本的地位和作用，是马克思的哲学、马克思主义哲学的根本功能。正因如此，党的二十大报告指出："继续推进实践基础上的理论创新，首先要把握好新时代中国特色社会主义思想的世界观和方法论，坚持好、运用好贯穿其中的立场观点方法。"②这段重要论述，其实质是第一次把习近平新时代中国特色社会主义思想的认识深化并提升到哲学高度、深入到哲学根基，伸展到哲学层面，开辟了习近平新时代中国特色社会主义思想的哲学新境界。必须坚持人民至上，必须坚持自信自立，必须坚持守正创新，必须坚持问题导向，必须坚持系统观念，必须坚持胸怀天下，这"六个必须坚持"实际上讲的就是习近平治国理政实践所蕴含的哲理，讲的就是习近平新时代中国特色社会主义思想的哲理。对于这

---

① 马克思，恩格斯 . 马克思恩格斯文集：第 1 卷 . 北京：人民出版社，2009：506.

② 习近平 . 高举中国特色社会主义伟大旗帜 为全面建设社会主义现代化国家而团结奋斗：在中国共产党第二十次全国代表大会上的报告 . 北京：人民出版社，2022：18-19.

一点，理论界的认识还不够深刻。

"六个必须坚持"，实质上第一次凝练概括了习近平新时代中国特色社会主义思想的精髓要义。在我国理论界，有些专家学者认为，习近平新时代中国特色社会主义思想的世界观和方法论之"六个必须坚持"，不是习近平新时代中国特色社会主义思想的精髓要义本身，而是进一步提炼概括习近平新时代中国特色社会主义思想之精髓要义的方法论。从话语表述本身来看，世界观和方法论就是哲学本身，马克思主义的科学世界观和方法论，就是马克思主义哲学的根本方面。所以，习近平新时代中国特色社会主义思想的世界观和方法论，就是习近平新时代中国特色社会主义思想在哲学上的精髓要义本身，或者更为准确地说，"六个必须坚持"，就是以"中国化时代化"的方式表达习近平新时代中国特色社会主义思想之哲学精髓的总体框架或核心要义。

从已经掌握的相关研究文献可以看出，我国理论界对习近平新时代中国特色社会主义思想的认识、理解和把握，大多不从哲学层面进行研究，更多的是从科学社会主义、政治经济学与马克思主义中国化时代化等方面进行研究。尽管我国理论界也试图从哲学层面来认识、理解和把握习近平新时代中国特色社会主义思想，比如注重提炼概括习近平新时代中国特色社会主义思想中的哲学思想，揭示习近平新时代中国特色社会主义思想的哲学基础等，但总的来说还不尽如人意，没有产生具有共识性、标识性的令人满意的研究成果。

　　一种思想体系如果上升不到哲学层面，缺乏哲学基础支撑，缺乏哲学思想，达不到一定的哲学水平，那么，这一思想体系就既缺乏高度也缺乏深度，既抓不住本质也抓不住精髓，既缺乏"根"也缺乏"本"，既不彻底也缺乏灵魂，既不深刻也不完整，既缺乏哲理逻辑也缺乏哲理概括，是难以真正达到时代发展、理论发展所要求的时代水平的，因为哲学在于用思想去把握时代，是时代精神的精华，是要抓住事物和思想的根本的。

　　哲学的本质特征，就是抓本质、悟精髓、讲逻辑、善概括、重辩证、讲理性、谋战略、观整体、给方法。习近平就特别善于学哲学、用哲学。当年在延安梁家河插队当知青时，习近平就带去了哲学方面的书，劳动之余，就与他的伙伴讨论什么是矛盾的斗争性和同一性、什么是主要矛盾和次要矛盾等哲学上的重要问题。在福建工作期间，习近平在《中共福建省委党校学报》等刊物上，发表了一些与马克思主义哲学经典著作相关的文章，如《略论〈关于费尔巴哈的提纲〉的时代意义》等。在浙江工作期间，习近平在《浙江日报》的《之江新语》栏目发表系列文章，署名就是"哲欣"，一语双关，即意寓、期望浙江欣欣向荣、哲学欣欣向荣。在担任中共中央党校校长期间，习近平共发表 19 次重要讲话，而贯穿其中的一条主线，就是马克思主义的世界观和方法论。习近平当选党的总书记以后，第十八届中央政治局进行集体学习，其中有两次就集中学习了马克思主义哲学，即辩证唯物主义基本原理和方法论、历

史唯物主义基本原理和方法论，习近平特别强调领导干部要掌
握马克思主义哲学的看家本领，从马克思主义哲学中汲取智慧
的滋养。习近平更善于运用哲学思维治国理政，从《习近平谈
治国理政》第一、第二、第三、第四卷，以及党的十九大报告
中可以看出，习近平在哲学上讲得较多的，就是坚持战略思
维、创新思维、辩证思维、法治思维、底线思维，就是坚持系
统观念，就是坚持唯物辩证法，就是坚持守正创新，等等。

　　党的二十大报告整合习近平总书记关于学习运用马克思主
义哲学的重要论述，吸收我国哲学界的相关研究成果，第一次
提出要把握好习近平新时代中国特色社会主义思想的世界观和
方法论，坚持好、运用好贯穿其中的立场观点方法这一重大命
题和论断，明确而又鲜明、系统而又完整地把其世界观和方法
论凝练概括为"六个必须坚持"①。习近平新时代中国特色社会
主义思想的"世界观和方法论"这一重大命题，就是这样提出
来的。这里的"六个必须坚持"，实质上就是用"世界观和方
法论"这一具有深度和高度的哲学话语表述方式，从哲学层
面来提炼表达习近平新时代中国特色社会主义思想的精髓要
义，或者说，"六个必须坚持"背后的哲理和大道，就是习近
平新时代中国特色社会主义思想的精髓要义，这就相当于我们
经常讲的毛泽东思想的活的灵魂——实事求是、群众路线、独

---

　　① 习近平. 高举中国特色社会主义伟大旗帜 为全面建设社会主义现代化国
家而团结奋斗：在中国共产党第二十次全国代表大会上的报告. 北京：人民出版
社，2022：19–21.

立自主。我们应当从政治上严格与党的二十大报告的表述对标对表。按照学理性研究、学术化表达、体系化建构的要求，也按照讲清楚政治论断背后的道理学理哲理的要求，即按照学理的逻辑，这种精髓要义可提炼概括为：理论任务是"必须坚持问题导向"，根本立场是"必须坚持人民至上"，科学态度是"必须坚持守正创新"，思想方法是"必须坚持系统观念"，世界眼光是"必须坚持胸怀天下"，立足基点是"必须坚持自信自立"。这实质上是贯穿习近平新时代中国特色社会主义思想的六个哲学方面。如果说"十个明确""十四个坚持""十三个方面成就"是习近平新时代中国特色社会主义思想的主要内容的话，那么，作为世界观和方法论及其立场观点方法的"六个必须坚持"，就是贯穿其中的哲学精髓要义和思想灵魂。

从党的二十大报告可以看出，这种哲学世界观和方法论在习近平新时代中国特色社会主义思想中具有根本地位（它是其"根"和"本"，是其"精髓"和"灵魂"），在习近平治国理政实践中具有方法论作用，在全面建设社会主义现代化国家新征程中具有指导作用，当然也是贯穿整个党的二十大报告的思想精髓。

第四章

作为习近平新时代中国特色
社会主义思想精髓要义的
世界观和方法论

"六个必须坚持"的世界观和方法论，不仅意味着习近平新时代中国特色社会主义思想提升到了哲学层面，而且意味着它第一次凝练概括出了习近平新时代中国特色社会主义思想的哲学精髓要义。

一、习近平治国理政的鲜明特质

社会需要哲学，领导干部需要哲学思维。习近平对学哲学具有高度自觉，强调领导干部要善于学哲学、用哲学。这种哲学自觉，可以从政治和文化两个方面来观察，这就是政治的诉求和文化的基因。

从政治方面看，中国共产党是一个马克思主义政党，马克思主义是其基本意识形态。而在马克思主义中，哲学是其世界观和方法论，是整个马克思主义得以产生和发展的逻辑支撑。随着时代的发展，马克思主义要与时俱进，其前提是马克思主义哲学的不断发展。这一客观逻辑决定了，任何一届中央领导集体都要有哲学自觉，都要不断学哲学、用哲学。从这个意义上说，学哲学、用哲学，是中国共产党尤其是中央领导集体的一项重要责任。

从文化方面看，中西文化中都深深埋藏着"哲学王"这一理念基因。西方的"哲学王"是带领人走向洞外，中华文化的"哲学王"是"引导人走向物我合一"，其理念更为深刻。哲学在当今中国文化中具有特殊地位。它担负着如何引导中国社会"跳出物质主义的现代化困境，走向无私大公的共产主义社会"的历史重任。

令人欣喜的是，习近平在第十八届中央政治局第十一次集体学习时强调，各级领导干部特别是高级干部，要学哲学、用哲学，要努力把马克思主义哲学作为自己的看家本领。这表明，当前中国，尤其是以习近平同志为核心的党中央，不仅高度重视哲学思维，更力图在行动上实践之。在此基础上，我们来分析习近平的哲学自觉。

第一，为什么重视哲学？马克思主义认为，只要深刻把握"自然经济·人与自然交换→商品经济·人与人交换→产品经济·人与社会直接交换"这一社会发展的必然性链条，深刻领悟人类社会发展的内在逻辑——"私→私·公→大公无私"，就能体会到什么是哲学的实质。为什么，因为这些问题直接关联着什么是世界的本原、真相和至善之道。领悟了这些问题，也就自然看到了本原、真相和至善之道。可见，领导者学习哲学，其要义就是对上述问题进行体悟。如何领会？在中华优秀传统文化里，我们只要体悟出"去我—忘我—无我"这一"心性"发展的客观规律，就能领会生命发展和人生本质的精髓；马克思主义认为，只要深刻理解"私有→阶级私有·国家公有→社会大公"这一社会发展的深层逻辑，就能领会人类发展的本质。为什么？因为领导者如何用哲学，最本质的就是要领会和牢记"大公无私"，这是世界的本原之道，是一种规律。人只有遵循这一规律才会主宰自己，否则，人永远会被规律牵着走。

第二，怎样重视哲学？习近平反复强调领导干部要"学哲学、用哲学"。习近平强调，领导干部要全面看待前进道路上的主流和支流、出现的矛盾和问题，在错综复杂的世界变化面前保持清醒头脑，坚定理想信念，离不开马克思主义哲学的指导。为什么？因为只有把思想方法和工作方法搞对头，才能增强工作中的科学性和全面性。在十八届中央政治局第十一次集体学习时，习近平把学哲学、用哲学上升到执政党建设的高度，强调"学哲学、用哲学，是我们党的一个好传统"，要"坚持用马克思主义哲学教育和武装全党"。如何学哲学、用哲学？从中央的角度来说，主要是强调要学习马克思主义哲学的"立场"和"观点"。

什么是学"立场"？针对领导干部，中央主要强调两个方面：一是在全球化背景下，立足中华优秀传统文化的立场；二是在和平与发展的时代背景下，坚定马克思主义的立场。前者旨在解决在信息化时代，如何正确定位中国，如何解决中国发展的内因和外因、历史和现实等之重大关系问题。中央提出：要更加全面客观地认识当代中国、看待外部世界，要古为今用、洋为中用、为我所用。而就后者（马克思主义立场）来说，则旨在解决在和平与发展是时代主题的背景下，为什么要坚持中国道路的问题。关于这一问题，中央有两个共识：一是中国特色社会主义是马克思主义基本原理在中国的具体应用，具有历史和逻辑的必然性支撑；二是独特的文化传统、独特的历史命运、独特的基本国情，三者决定了我们必然要走适合自己特点的发展道路。

什么是学"观点"？针对领导干部，中央主要强调四个观点，即社会存在决定社会意识、基本矛盾分析法、物质生产的决定性、人民群众观，它们分别具有各自的针对性。社会存在决定社会意识，旨在让领导干部意识到，我们党的理论方针和政策是否正确，取决于我们在制定时能否做到从实际出发，实事求是。一切从实际出发，实事求是，是我们党最基本的哲学理念。基本矛盾分析法，旨在让领导干部意识到当前中国"全面深化改革"的逻辑必然性，并进而领会党的十八届三中全会所制定的实践框架的科学性，增强领导干部对全面深化改革实践的自信和自觉。物质生产的决定性这一观点，旨在让领导干部认识到如何处理全面深化改革中的重大关系，以"生产力决定生产关系，生产关系反作用于生产力"和"经济基础决定上层建筑，上层建筑反作用于经济基础"这一框架为共识，可以使领导干部在处理和解决矛盾时有清晰的操作指南。人民群众观，强调人民群众是历史的创造者和群众路线，旨在解决我们党在新的执政条件下，如何获得社会持久支持，从而领导社会各种力量以推进社会主义向共产主义的迈进这一关涉社会主义命运的核心问题。人民群众观，以"把实现好、维护好、发展好最广大人民根本利益作为推进改革的出发点和落脚点"为实践原则和要求，使得领导干部更易于在实践中把握和执行群众观点及其背后的哲学理念。

第三，重视哲学的什么方面？重视哲学的方法和思维。这集中体现在中央要求领导干部学哲学的"思想方法"和"理论思维"。为什么？因为一定意义上，哲学就是方法论，是专门研究方法的学问。这决定了哲学的方法和思维很深刻也很卓越。这种深刻和卓越体现在哲学看世界的三个特征上。一是，哲学用"顶层视野"看世界，体现为哲学看问题很有高度、很全面、很系统。二是，哲学思考问题表现出"战略思维"特征，即它看问题的时间尺度很大，体现为可以看几年、几十年乃至千万年以后的趋势。例如，马克思主义哲学对人类历史分析后认为，无论时间多长，在逻辑上，人类只有三个时代，即自然经济时代、商品经济时代、产品经济时代，人类社会的归宿一定是共产主义，由此可见其时间尺度之宏大。三是，哲学考虑问题具有"终极关怀"之特征，即它不关心有限的、具体的、个性的存在，它关心的是无限的、永恒的、共性的存在。例如，哲学对生命的认知，不仅仅看生是什么，死是什么，还看"生和死"之间的历程，由此，它看到了生命的周期性和完整性。简言之，与其他学问相比，哲学思维因为具有高度、广度和深度，所以具有一种独到的、顶级性优势。因为这一优势，哲学思维在所有思想方法体系中，变得不容易被人学到学会。因为难能，所以更显可贵。因为可贵，所以，领导干部尤其是高级领导干部，要"把思想方法和工作方法搞对头"。

那么，如何"把思想方法和工作方法搞对头"呢？针对领导干部，习近平提出五个思维原则，即"战略思维"、"系统思维"、"创新思维"、"底线思维"和"辩证思维"，其中，除了辩证思维是针对工作方法的，其余四个都是围绕改革这一重大问题的。总体看，它们以改革为核心，分为两个圈层和不同层次：第一圈层是针对全面深化改革实践的"战略思维→系统思维和创新思维→底线思维"这一思维体系，第二圈层是针对具体工作方法的"辩证思维"。

首先，关于第一圈层，即针对全面深化改革实践的思维体系。习近平总书记针对改革的不同层次问题，提出四大思维。战略思维，是针对如何对当前改革进行定位这一重大问题的。从大尺度看，以习近平同志为核心的党中央既要完成既定的"全面建成小康社会"的战略目标，同时更要担当起"全面深化改革"使命。在此背景下，以习近平同志为核心的党中央提出"推进国家治理体系和治理能力的现代化"，反复告诫领导干部改革开放是决定当代中国命运的关键一招，也是决定实现"两个一百年"奋斗目标、实现中华民族伟大复兴的关键一招，其目的就是要求领导干部从战略尺度来看改革，从"两个一百年"的时间框架内来认识当前中国社会主义实践的历史地位。如果说，战略思维是从"高度"上看中国社会主义实践这一伟大事业的，那么，系统思维和创新思维则是从"整体性"和"时代性"上看的。这是因为，系统思维针对的是关于改革的总体性和关联性问题。习近平反复强调，改革是一项系统工程，领导干部既要驾驭总体进程又要把握每一阶段，既要善谋全局又要能抓一域，因此，系统思维，就是要解决关于改革这一伟大事业的总体进程和每一阶段、全局和一域、总体性和关联性等一系列重大关系的思维原则。而所谓创新思维，则源于改革具有时代性，今天的改革不同于昨天的改革，如何在新的历史条件下，对改革的理论和实践自觉实现与时俱进，那就需要创新。因此，创新思维是解决改革的与时俱进问题的思维原则。而所谓底线思维，则是针对改革要有边界约束这一问题而提出的。从理论上说，任何事物都有边界，超出边界，该事物就不成其为自身。改革，作为中国社会主义的伟大实践，同样具有边界。在改革中保持社会主义的边界，这是改革的"方向边界"；在改革中保持力度、节奏、领域等方面的可控性，这是改革的"操作边界"。前者属于政治纪律问题，后者属于领导能力范畴。合起来看，关于针对改革的思维方法，体现出这样的层次关联：历史定位（战略思维）—关键框架（系统思维和创新思维）—操作规范（底线思维）。

其次，关于第二圈层，即针对具体工作方法的"辩证思维"。在操作意义上，哲学认识世界具有辩证性，这主要体现在哲学用矛盾的观点看世界。在这里，矛盾观点的基本框架是：任何事物的构成都是一分为二的，任何事物都处于矛盾群中，任何矛盾都具有过程性。第一点决定了，人们要看清问题，必须一分为二地看，否则就会背离真相。第二点决定了，人们要做好事情，必须有所为有所不为，有所为就是要抓住主要矛盾和矛盾的主要方面，有所不为就是不要个个都抓，不要四面出击。第三点决定了，人们在判断和认识问题时，不要停留于表面，不要局限于片面和碎片，要抓深层的本质，要掌握总体和全局。上述三点具有普遍适用性，在工作中被普遍使用，因此成为一种被多数人，尤其是领导干部所青睐的工作方法。

今天，以习近平同志为核心的党中央再次强调这一思想方法，更多地体现的是其现实针对性。例如，对看问题要一分为二这一方法，习近平强调，领导干部要辩证地看待改革和发展中面临的问题，既看到有利的一面又看到困难的一面，既看到其中的机遇又看到其中的风险。对抓工作要分清主次这一方法，习近平指出，搞改革要有强烈的问题意识，以重大问题为导向，抓住重大问题、关键问题进一步研究思考，找出答案。对透过表象找规律这一方法，习近平强调，摸着石头过河就是摸规律，就是从实践中获得真知；同样，顶层设计也是找规律，是更加自觉地把握改革开放的规律性。今天，随着改革走向纵深，我们面临的问题和矛盾越来越复杂，越来越深层次化，这意味着，顶层设计更为重要，它能透过现象抓住本质。总之，无论是一分为二，还是分清主次，抑或是透过现象看本质，都来源于哲学的矛盾分析框架。针对领导干部，不断强调辩证思维这一思想方法，也从一个侧面体现了以习近平同志为核心的党中央学哲学、用哲学的自觉性。

二、习近平新时代中国特色社会主义思想主要内容的框架结构

如果说，马克思主义基本原理同中国具体实际相结合，解决的是马克思主义中国化时代化的落地问题；那么，同中华优秀传统文化相结合，解决的就是马克思主义中国化时代化的生根问题。历史地看，落地才能生根，根深才能叶茂，这是历史发展的必然规律。当前，马克思主义中国化时代化的落地和生根并行推进，意味着新时代中国特色社会主义逐渐向纵深发展并取得重大理论创新成果，集中体现为习近平新时代中国特色

社会主义思想。党的十九大、十九届六中全会提出的"十个明确""十四个坚持""十三个方面成就"概括了这一思想的主要内容。深入分析这一主要内容，有助于我们领会其世界观和方法论的深刻内涵。

总的来说，"十个明确""十四个坚持""十三个方面成就"是习近平新时代中国特色社会主义思想的主要内容。该内容结构体现为"'十个明确'→'十四个坚持'→'十三个方面成就'"，其逻辑关系为"思想理念·奋斗目标→总体方略→举措成就"。这构成了习近平新时代中国特色社会主义思想主要内容的框架结构。

关于"十个明确"，从结构上看，体现为"3+1+3+3"框架。具体为：3（中国特色社会主义方面：最本质的特征、总任务和两步走、总体布局和战略布局）+1（新时代历史方位和价值导向：社会主要矛盾和以人民为中心的发展思想）+3（"四个全面"战略布局中的：全面深化改革、全面依法治国、全面从严治党）+3（根本保障：社会主义基本经济制度、新时代强军目标、中国特色大国外交）。该框架贯穿了如下逻辑：方向道路→历史方位→奋斗目标→两大布局→根本保障。该逻辑意味着，新时代围绕着举什么旗走什么路、如何确定历史方位、如何确定奋斗目标、如何确定总体布局和战略布局等总体方略、如何做好根本保障等这些重大问题，中国共产党人要作出符合中国实际和时代要求的正确回答，要得出符合客观规律的科学认识，要形成与时俱进的理论成果。一言以蔽之，这是一个需要理论且一定能够产生理论的时代。在这个意义上，习近平新时代中国特色社会主义思想的产生，是时势使然，是历史必然。

关于"十四个坚持"，从结构上看，体现为"4+5+3+2"框架，具体为：4（党政军：坚持党对一切工作的领导、坚持以人民为中心、坚持总体国家安全观、坚持党对人民军队的绝对领导）+5（"五位一体"总体布局：坚持新发展理念、坚持人民当家作主、坚持社会主义核心价值体系、坚持在发展中保障和改善民生、坚持人与自然和谐共生）①+3（"四个全面"战略布局中的：坚持全面深化改革、坚持全面依法治国、坚持全面从严治党）+2（统一与外交：坚持"一国两制"和推进祖国统一、坚持推动构建人类命运共同体）。整个框架的逻辑是：党政军→"五位一体"总体布局→"四个全面"战略布局→统一与外交。与"十个明确"比较可以发现，"十四个坚持"体现的是一种总体性和系统性的治国理政的基本方略，即"治党治国治军→'五位一体'总体布局→'四个全面'战略布局→内政外交国防→改革发展稳定"，本质上是方略层面的布局。

关于"十三个方面成就"，从结构上看，体现为"1+5+3+4"框架。具体为：1（党的领导：坚持党的全面领导）+5（"五位一体"总体布局：经济建设、政治建设、文化建设、社会建设、生态文明建设）+3（"四个全面"战略布

---

① 这里的"五个坚持"分别对应于"五位一体"总体布局中的经济建设、政治建设、文化建设、社会建设和生态文明建设。

局中的：全面深化改革、全面依法治国、全面从严治党）+4
（国防／安全／统一／外交：国防和军队建设、维护国家安全、
坚持"一国两制"和推进祖国统一、外交工作）。从逻辑上
看，主要是"党的领导→'五位一体'总体布局→'四个全
面'战略布局→国防／安全／统一／外交"，本质上是治国理政
在具体实践层面的展开。

综合比较，"十个明确"的逻辑是：方向道路→历史方位→
奋斗目标→两大布局→根本保障。"十四个坚持"的逻辑是：党
政军→"五位一体"总体布局→"四个全面"战略布局→统一
与外交。"十三个方面成就"的逻辑是：党的领导→"五位一体"
总体布局→"四个全面"战略布局→国防／安全／统一／外交。
可以看到，三者之间体现的是一种"思想理念·奋斗目标→总
体方略→举措成就"之关联。一般意义上，思想理念是治国理
政的行动指南，奋斗目标是治国理政的目标指向，总体方略是
治国理政的路径方法，举措成就是治国理政的实践成果。历史
发展的逻辑证明，根深才能叶茂，源远必然流长。可以预见，
随着全面建设社会主义现代化国家、全面推进中华民族伟大复
兴（"两个全面"）新征程的推进，习近平新时代中国特色社会
主义思想必然向纵深发展。这意味着，习近平新时代中国特色
社会主义思想，在"根与源"层面，必将提升和进入更为关注
和侧重运用世界观和方法论的新阶段；在"叶与流"层面，新
时代中国特色社会主义必将进入强国时代，必将开启复兴纪元。

关于"十个明确""十四个坚持""十三个方面成就"三者

关系及内在逻辑结构，参见表 4–1。

表 4–1 "十个明确""十四个坚持""十三个方面成就"结构框架

习近平新时代中国特色社会主义思想主要内容		
"十个明确"	"十四个坚持"	"十三个方面成就"
"3+1+3+3"框架	"4+5+3+2"框架	"1+5+3+4"框架
三者之间逻辑："思想理念·奋斗目标→总体方略→举措成就"		
3：中国特色社会主义方面：最本质的特征、总任务和两步走、总体布局和战略布局； 1：新时代历史方位和价值导向：社会主要矛盾和以人民为中心的发展思想； 3："四个全面"战略布局中的：全面深化改革、全面依法治国、全面从严治党； 3：根本保障：社会主义基本经济制度、新时代强军目标、中国特色大国外交。	4：党政军：坚持党对一切工作的领导、坚持以人民为中心、坚持总体国家安全观、坚持党对人民军队的绝对领导； 5："五位一体"总体布局：坚持新发展理念、坚持人民当家作主、坚持核心价值体系、坚持在发展中保障和改善民生、坚持人与自然和谐共生； 3："四个全面"战略布局中的：坚持全面深化改革、坚持全面依法治国、坚持全面从严治党； 2：统一与外交：坚持"一国两制"和推进祖国统一、坚持推动构建人类命运共同体。	1：党的领导：坚持党的全面领导； 5："五位一体"总体布局：经济建设、政治建设、文化建设、社会建设、生态文明建设； 3："四个全面"战略布局中的：坚持全面深化改革、坚持全面依法治国、坚持全面从严治党； 4：国防/安全/统一/外交：国防和军队建设、维护国家安全、坚持"一国两制"和推进祖国统一、外交工作。

续表

习近平新时代中国特色社会主义思想主要内容		
"十个明确"	"十四个坚持"	"十三个方面成就"
体现的逻辑：方向道路→历史方位→奋斗目标→两大布局→根本保障	体现的逻辑：党政军→"五位一体"总体布局→"四个全面"战略布局→统一与外交	体现的逻辑：党的领导→"五位一体"总体布局→"四个全面"战略布局→国防/安全/统一/外交
习近平新时代中国特色社会主义思想中体现的总逻辑：党的领导→新时代中国特色社会主义→"两个全面"→"五位一体"总体布局→"四个全面"战略布局→治党治国治军→内政外交国防→改革发展稳定		

三、习近平新时代中国特色社会主义思想的世界观和方法论

党的二十大报告强调，要把握好习近平新时代中国特色社会主义思想的世界观和方法论，由此提出"六个必须坚持"。从结构看，"六个必须坚持"包含三个层次："人民至上 + 自信自立"—"守正创新 + 问题导向 + 系统观念"—"胸怀天下"。其逻辑为"框架性（解释世界）—思维性（改变世界）—操作性（天下思维天下观）"。总体上，它高扬天下思维天下观，提出人民至上、自信自立之主体性框架，提出守正创新、问题导

向、系统观念之具有方法论意义的思维方法，这些构成了习近平新时代中国特色社会主义思想的精髓要义和哲学话语。

从百年尺度看，党的二十大、习近平新时代中国特色社会主义思想意义重大，影响深远。二者为全面建设社会主义现代化国家、全面推进中华民族伟大复兴提供了坚强的政治保证、思想保证和组织保证。新征程上，要继续推进实践基础上的理论创新，要继续推进习近平新时代中国特色社会主义思想的理论创新，首先要把握好习近平新时代中国特色社会主义思想的世界观和方法论，坚持好、运用好贯穿其中的立场观点方法。把握好世界观和方法论，坚持好、运用好其中的立场观点方法，核心是"六个必须坚持"。

一般意义上，世界观就是观世界，即用"什么"来观世界，回答"是什么"的问题，具有"本体论"意蕴；方法论，就是以什么"方法"看问题，回答"怎么办"的问题。世界观的核心是要具有理解和把握世界本质的观察框架，属于如何解释世界的范畴；方法论的核心是思维方式，属于如何改变世界的范畴。二者之间是一种"解释世界"之道和"改变世界"之器的关系。"六个必须坚持"，从文本结构上看，即"人民至上＋自信自立＋守正创新＋问题导向＋系统观念＋胸怀天下"。其中，解释框架性要素是2个，即"人民至上＋自信自立"；思维性要素是3个，即"守正创新＋问题导向＋系统观念"；既有框架性又有思维性的要素1个，即"胸怀天下"。逻辑上，体现为三个层次："人民至上＋自信自立"—"守正创新＋问题导向＋系统观念"—"胸怀天下"，内在意蕴为"框架性（解释世界）—思维性（改变世界）—操作性（天下思维天下观）"。

　　解释框架性要素"人民至上＋自信自立"，主要包含两个维度，即人民性和主体性。人民至上，是人民性维度，属于根本立场，内含三个基本观点：（1）人民的创造性实践是理论创新的不竭源泉；（2）不为人民造福的理论都是没有生命力的；（3）站稳人民立场、把握人民愿望、尊重人民创造、集中人民智慧，形成理论，使之成为（人民的）强大思想武器①。逻辑上，强调理论创新与人民的三个关键性关系：不竭源泉＋生命力＋思想武器。同时，突出实现人民至上的四个路径：站稳人民立场、把握人民愿望、尊重人民创造、集中人民智慧。自信自立，是主体性维度，属于立足基点，内含三个基本观点：（1）没有教科书，更没有现成答案；（2）中国的问题必须从中国基本国情出发，由中国人自己来解答；（3）既不能刻舟求剑、封闭僵化，也不能照抄照搬、食洋不化②。从逻辑上看，强调的是"中国的问题必须从中国基本国情出发，由中国人自己来解答"③。从深层次看，自信是前提，因为照抄照搬不行，没有外部资源可用，封闭僵化不行，不能停留在已知水平，只能从中国基本国情出发，面向未知，开辟新知；自立是核心，因为没有现成答案，属于自己时代的问题只能自己解答。在实现目标的历史进程中,只能依靠历史规律支撑,依靠人民群众支持,这就是自信的本质。质言之,自信自立,就是在实现目标的历史进程中,既要合规律性又要合目的性,舍此无它。简言之,"人民至上+自信自立"内含了这样的解释框架:如何看世界,要站在人民立场,要立足自身基点,要符合规律要求,要满足人民诉求。

关于思维性要素"守正创新+问题导向+系统观念"。这主要有三个不同角度:事业的独特性,问题的时代性,事物的复杂性。守正创新之实质,是要科学对待马克思主义的基本观点、基本原理。它针对我们所从事的前无古人的伟大事业,强调"'守正,守好方向'+'创新,引领时代'",聚焦三个"不动摇",即"坚持马克思主义基本原理不动摇+坚持党的全面领导不动摇+坚持中国特色社会主义不动摇"(此为"守正"),落脚"敢于说前人没有说过的新话,敢于干前人没有干过的事情"[①](此为"创新")。其体现的逻辑主要是:方向性(守好方向+引领时代)—守正(马克思主义基本原理+党的全面领导+中国特色社会主义)—创新(说前人没有说过的新话+干前人没有干过的事情)。要言之,守正创新的本质,是要做到守好方向与引领时代有机统一。

坚持问题导向针对问题的时代性,强调三个层次,具体

---

① 习近平.高举中国特色社会主义伟大旗帜 为全面建设社会主义现代化国家而团结奋斗:在中国共产党第二十次全国代表大会上的报告.北京:人民出版社,2022:20.

是：（1）回答并指导解决问题是理论的根本任务，即为什么要坚持问题导向；（2）所面临问题的复杂程度、解决问题的艰巨程度明显加大，即当前时代问题有特殊性；（3）聚焦实践遇到的新问题、改革发展稳定存在的深层次问题、人民群众急难愁盼问题、国际变局中的重大问题、党的建设面临的突出问题[①]，即坚持问题导向的聚焦点。它体现的总逻辑是：为什么（回答并指导解决问题）—针对什么（所面临问题的复杂程度、解决问题的艰巨程度）—聚焦什么（新问题、深层次问题、急难愁盼问题、重大问题、突出问题）—任务是什么（回答并解决时代问题）。本质上，问题导向就是要回答问题、解决问题。

　　坚持系统观念，针对的是事物的复杂性和当前中国社会变革发展的复杂性。具体来说有以下两点：一是强调三个层面：（1）万事万物是相互联系、相互依存的，即复杂的普遍性；（2）只有用普遍联系的、全面系统的、发展变化的观点观察事物，才能把握事物发展规律，即人要辩证地认识客观世界；（3）我国是一个发展中国家，推进改革发展、调整利益关系往往牵一发而动全身，即我国实践的复杂性迫切需要辩证性思维方式。二是突出四个层次的思维要求：（1）通过历史看现实、透过现象看本质，这是纵横两个向度的全面性要求；（2）把握

---

　　① 习近平.高举中国特色社会主义伟大旗帜 为全面建设社会主义现代化国家而团结奋斗：在中国共产党第二十次全国代表大会上的报告.北京：人民出版社，2022：20.

好全局和局部、当前和长远、宏观和微观、主要矛盾和次要矛盾、特殊和一般的关系,这是联系发展的辩证性要求;(3)提高战略思维、历史思维、辩证思维、系统思维、创新思维、法治思维、底线思维等能力,这是思考问题的方法要求;(4)前瞻性思考、全局性谋划、整体性推进,这是知行合一的梯次性要求①。它体现的总体逻辑是:复杂性是普遍的→我国现实是复杂的→为前瞻性思考、全局性谋划、整体性推进党和国家各项事业提供科学思想方法是必要的→因而坚持系统观念是必需的,要提高坚持系统观念的自觉性和主动性,提高四个层次的思维水平。就四个层次思维要求本身来看,它体现的逻辑是:纵横两个向度的全面性 + 联系发展的辩证性 + 思考问题的方法 + 知行合一的梯次性。总的说,系统观念的本质,是要从全局、整体、长远、大势、本质上把握世界。

关于操作性要素"胸怀天下"(天下思维天下观),属于世界眼光。它主要围绕下面两个方面提出世界观、价值观主张:(1)中国共产党是为中国人民谋幸福、为中华民族谋复兴的党,也是为人类谋进步、为世界谋大同的党,这是党的"四谋"目标;(2)回应各国人民普遍关切,为解决人类面临的共同问题作出贡献,借鉴吸收人类一切优秀文明成果,这是党

---

① 习近平.高举中国特色社会主义伟大旗帜 为全面建设社会主义现代化国家而团结奋斗:在中国共产党第二十次全国代表大会上的报告.北京:人民出版社,2022:21.

的关于解决世界或人类问题的三大主张①。其逻辑体现为："四谋"目标追求—洞察人类发展进步潮流—解决人类问题三大主张。这意味着，中国共产党人既有天下之胸怀，以天下视野看世界、看人类；又有天下之思维，为人类谋进步、为世界谋大同。在这个意义上，坚持胸怀天下，既是天下思维又是天下观。从深层次说，中国共产党人之所以有天下思维天下观，根本上源于新时代马克思主义中国化时代化进程中"两个结合"的创新实践，即马克思主义的人类解放观与中华优秀传统文化的天下观高度契合，马克思主义人学思想与中国共产党人民至上哲学的高度共鸣。质言之，天下思维天下观，是马克思主义中国化时代化使然。

　　当然，在坚持同党的二十大报告对标对表的前提下，也可以从学理上分析揭示"六个必须坚持"的内在逻辑。这就是：要坚持运用马克思主义的立场（必须坚持人民至上）、观点（必须坚持守正创新）、方法（必须坚持系统观念），同时坚持运用世界眼光（必须坚持胸怀天下），从中国基本国情出发，由中国人自己来解答中国的问题（必须坚持问题导向），这就需要创立我们自己的理论，用我们自己的理论指导实践、推动工作、解决问题、创造奇迹、走向成功，以更加积极的历史担当和创造精神为发展马克思主义作出新的贡献（必须坚持自信自立）。其

---

　　① 习近平．高举中国特色社会主义伟大旗帜 为全面建设社会主义现代化国家而团结奋斗：在中国共产党第二十次全国代表大会上的报告．北京：人民出版社，2022：21.

思想精髓可表述为：理论任务是坚持问题导向，根本立场是坚持人民至上，科学态度是坚持守正创新，思想方法是坚持系统观念，世界眼光是坚持胸怀天下，立足基点是自信自立。其相应逻辑可概括为：理论任务（回答问题，解决问题）—根本立场（人民至上）—立足基点（自信自立）—科学态度（守正创新）—思想方法（系统观念）—世界眼光（胸怀天下）。

由此可以说，"六个必须坚持"内含了深刻的世界观和方法论，奠定了习近平新时代中国特色社会主义思想的哲学基础，它既是从现在时对习近平新时代中国特色社会主义思想的精髓要义的高度提炼和表述，表明我们党对习近平新时代中国特色社会主义思想的认识提升到了哲学新境界，也是从进行时、未来时为继续推进习近平新时代中国特色社会主义思想的理论创新所指明的方向、提供的思路和框架。

总之，习近平新时代中国特色社会主义思想的世界观和方法论的形成预示着：在21世纪科学社会主义发展的历史进程中，"中国共产党领导的中国式现代化**伟大实践**＋习近平新时代中国特色社会主义思想的世界观和方法论的**科学指导**"，二者强强结合，实现中华民族伟大复兴势不可挡。我们坚信，不久的将来，现代化强国必将建成，中华民族必将复兴，中华文明必将昌盛，21世纪马克思主义必将逐步主导人类历史进程。这是历史大势之使然，也是人类走势之必然。届时，看现代化之强国，看中华之新文明，看中国特色社会主义之新胜利，看天下之太平，何等盛哉！何等壮哉！

第五章

作为继续推进理论创新的方向
方法的世界观和方法论

"六个必须坚持"的世界观和方法论，不仅表达了习近平新时代中国特色社会主义思想的哲学精髓要义，而且还为推进党的理论创新包括推进习近平新时代中国特色社会主义思想的创新，指明了方向，提供了方法和思路。

　　我们党推进理论创新的基本路径和科学方法，一是"两个结合"，二是"六个必须坚持"。前者主要是从基本经验和根本路径意义上讲的，后者是从哲学方法论意义上讲的。

一、"两个结合"是推进理论创新的基本经验和根本路径

　　无论从理论上还是从实践上说，坚持和推进马克思主义中国化，是中国共产党百余年奋斗历程中着力解决的根本问题。习近平总书记在庆祝中国共产党成立 100 周年大会上发表重要讲话（简称"七一"重要讲话）指出，必须继续推进马克思主义中国化，坚持把马克思主义基本原理同中国具体实际相结合、同中华优秀传统文化相结合。这一重要论断，深化了对马克思主义中国化的认识，体现了对"两个结合"及二者关系的

深刻认知，表达了对中国具体实际和中华优秀传统文化及二者关系的深入理解。

（一）为什么必须坚持"两个结合"

马克思主义基本原理是普遍真理，具有永恒的思想价值，但马克思主义经典作家并没有穷尽真理，而是不断为寻求真理和发展真理开辟道路。只有坚持"两个结合"，在坚持运用马克思主义基本原理中回答中国问题、创新中国文化，在回答中国问题、创新中国文化中坚持运用马克思主义基本原理，才能始终保持马克思主义的蓬勃生机和旺盛活力。我国理论界曾对"两个结合"进行了较为深入的研究。一种观点认为，马克思主义基本原理同中华优秀传统文化相结合是可能的，原因在于二者在实践理性、价值取向、社会理想等方面具有一致性。但也有学者对这种"一致说"提出不同看法，认为正是这种被诠释出来的所谓"一致性"，阻碍了人们对马克思主义进行全面正确的理解。马克思主义基本原理同中华优秀传统文化相结合，主要是指汲取中华优秀传统文化的精粹，而中国化的马克思主义如毛泽东思想、邓小平理论等，事实上都吸取了中华优秀传统文化的积极内容。在学术研究中，学术界提出了关于马克思主义中国化的必然性问题。有学者一针见血地指出，马克思主义中国化之所以具有必然性，是因为它既是近代中国社会和中国革命发展的必然结果，也是马克思主义的内在要求，还是中国具体实际的客观需要。

为什么必须坚持"两个结合"？汲取理论界已有研究成果，我们认为至少需要从三方面进行深入分析。

1. 马克思主义经典作家三番五次强调要注重"结合"

马克思主义本质上是一种源于实践又回到实践以指导实践、改变现实的理论，是注重"事物自身"之内在联系、矛盾运动、发展过程且从中生长出的理论，因而是发展着的，它摒弃把马克思主义理论作为一种"公式""标签""套语"来剪裁任何事物的教条主义。这种教条主义，实质上属于"外在反思"思维。

第一，马克思、恩格斯实现的哲学变革，实质上就是摒弃用头脑臆想的人为联系代替事物自身的客观联系，创立唯物主义辩证法。马克思、恩格斯以前的旧哲学如形而上学、思辨哲学，往往用头脑臆想的人为联系代替事物自身的客观联系，在历史领域走向唯心主义。马克思、恩格斯在理论上毕生秉持的本心，就是要把唯心主义从历史领域中赶出去。于是，他们秉要执本，首要关切的是确立唯物主义在历史领域的权威。在这个意义上，他们对费尔巴哈的唯物主义"不满意抽象的思维"给以欢喜若狂的评价，认为这种唯物主义能使人们看到历史领域的客观性，能透过被纷繁复杂的意识形态所掩盖的种种假象，看到历史领域中"事物自身"的现实联系。马克思、恩格斯确立的唯物主义辩证法，本质上就是摆脱"主观臆想"进

而通达"事物自身"，力求呈现、确证事物自身存在之内在的
普遍联系、矛盾运动和发展过程。现代唯物主义世界观，就是
运用唯物主义辩证法揭示、解释人的感性生活世界而生成出来
的范畴，因为它超越了主观人为的臆想联系，揭示了人的感性
生活世界本身的普遍联系。它表明，认识世界和分析事物，首
要应立足于现实生活世界，从客观实际出发，而不是从原则
出发。

　　第二，《共产党宣言》（简称《宣言》）的基本原理的实际
运用要随时随地以当时的历史条件为转移。马克思、恩格斯
合写的《宣言》问世，是马克思主义诞生的标志。在《宣言》
1872 年德文版序言中，马克思、恩格斯指出，《宣言》所阐发
的"这些原理的实际运用，正如《宣言》中所说的，随时随地
都要以当时的历史条件为转移，所以第二章末尾提出的那些革
命措施根本没有特别的意义"[1]。《宣言》一般原理的实际运用
因历史条件的不同而不同，这是《宣言》反复强调的。列宁也
郑重其事地指出："这些原理的应用具体地说，在英国不同于
法国，在法国不同于德国，在德国又不同于俄国。"[2]同理，这
些原理的应用，在中国既不同于西欧，也不同于俄国，因为中
国国情具有鲜明的特殊性，所以毛泽东强调，马克思主义必须
中国化。这表达了马克思主义经典作家对《宣言》的基本原理

---

　　[1]　马克思，恩格斯．马克思恩格斯选集：第 1 卷．3 版．北京：人民出版社，
2012：376.

　　[2]　列宁．列宁全集：第 4 卷．2 版增订版．北京：人民出版社，2013：161.

的运用所坚持的态度和方法。比如，我们应深刻认识到，《宣言》的一个基本原理就是消灭资本主义私有制，对此任何时候都不能怀疑和动摇。离开了这一条，就从根本上背离了《宣言》，离开了马克思主义。因此，我们对《宣言》中的有关论述，必须结合实际，不应当作教条主义理解。

　　第三，不能把马克思关于西欧资本主义起源的历史概述变成一般发展道路的历史哲学理论。当时德国、法国、俄国的许多青年学者常对马克思的理论产生误读和误解。俄国的米海洛夫斯基等人，就把马克思关于西欧资本主义起源的历史概述彻底变成一般发展道路的历史哲学理论，认为一切民族，不管他们所处的历史环境如何，都注定要走这条路。对此，马克思理直气壮地声明："但是我要请他原谅。（他这样做，会给我过多的荣誉，同时也会给我过多的侮辱。）"[①] 德国还有一些人打着马克思主义旗号宣扬非马克思主义，以至于马克思怫然不悦地说："我播下的是龙种，而收获的却是跳蚤。"[②] 针对德国一些青年学者把马克思的理论当作现成的公式、套语、标签贴到各种事物上去而不再作进一步研究的倾向，马克思慎思明辨地声明，如果这样做，并把这样做当作马克思主义，那么，"我只知道我自己不是马克思主义者"[③]。这表明：真理是有条件的，具

---

　　① 马克思，恩格斯. 马克思恩格斯选集：第 3 卷. 3 版. 北京：人民出版社，2012：730.

　　② 马克思，恩格斯. 马克思恩格斯选集：第 4 卷. 3 版. 北京：人民出版社，2012：603.

　　③ 同 ②599.

有相对性，马克思坚决反对把现成的公式套到一切事物上去并剪裁各种事实的倾向，强调要从具体实际条件出发分析问题。

第四，不要把马克思的世界观当作教义而应当作方法。恩格斯一再强调要正确对待马克思和他所创立的理论。恩格斯晚年在关于历史唯物主义的书信和《反杜林论》中反复指出，马克思的整个世界观不是教义，而是方法，它提供的不是现成的教条，而是进一步研究的出发点和供这种研究使用的方法。他还指出："原则不是研究的出发点，而是它的最终结果"①。这些重要论述旗帜鲜明地表达了这样一种态度：坚决反对把马克思主义的理论教条化，当作现成的公式来剪裁各种历史事实，每个国家运用马克思主义，都必须穿起本民族的服装。

第五，世界各个国家和民族走向社会主义有不同的"走法"。列宁是坚持和发展马克思主义的典范。这体现在他注重把马克思主义基本原理同俄国具体实际相结合。在谈到落后国家如何走向社会主义时，列宁强调："一切民族都将走向社会主义，这是不可避免的，但是一切民族的走法却不会完全一样，在民主的这种或那种形式上，在无产阶级专政的这种或那种形态上，在社会生活各方面的社会主义改造的速度上，每个民族都会有自己的特点。"② 这表明，不同时代和实践的发展、各国生产力发展状况和社会发展阶段，是社会主义建设道路多

---

① 马克思，恩格斯.马克思恩格斯选集：第3卷.3版.北京：人民出版社，2012：410.

② 列宁.列宁全集：第28卷.2版增订版.北京：人民出版社，2017：163.

样化的现实原因，历史、文化、传统的异质性，是不同国家社会主义建设道路多样性的深层根源。

2.中国革命、建设、改革实践的经验教训启迪我们必须注重"结合"

如果说马克思主义经典作家强调把他们提出的基本原理同具体历史条件、各国实践相结合，那么，中国共产党人则在实践上更加自觉地强调马克思主义基本原理必须同中国具体实际相结合，认为只有这种结合才能既克服教条主义、避免狭隘经验主义，又解决中国问题。

第一，新民主主义革命时期，我们党反对把马克思主义教条化，强调马克思主义必须同中国革命的具体实际相结合。新民主主义革命时期，我们党遇到的首要问题，是如何选择中国革命的道路，这是中国革命"向何处去"的问题。当时党内存在着教条主义倾向，以王明为主要代表的一些人热衷于从书本中找答案，认为中国革命必须走城市武装暴动的道路，结果导致革命屡屡受挫。以毛泽东同志为主要代表的中国共产党人坚持把马克思主义基本原理同中国具体实际相结合，根据当时中国农民最多、农民最穷、农民的革命性最坚决的具体实际，强调中国革命要走"农村包围城市、武装夺取政权"的道路，使中国革命转危为安。针对在中国革命问题上的教条主义，毛泽东发表了《实践论》《矛盾论》，强调理论与实践相结合、普遍与特殊相结合，着重阐述了理论和实践（知和行）、普遍和特殊（共性和个性）的辩证关系，指出关于共性和个性的关系，是事物矛盾的精髓，不懂得它，就等于抛弃辩证法。毛泽东在《矛盾论》中，在坚持矛盾具有普遍性的前提下，着重从五个方面谈论矛盾的特殊性。这两部著作，为马克思主义基本原理同中国具体实际相结合奠定了坚实的哲学基础。

第二，社会主义革命和建设时期，我们党强调走自己的路。主要体现为破除资本主义因素，走社会主义道路，建立社会主义制度。1956 年，我国建立了社会主义制度，开始探索社会主义建设道路。如何建设社会主义，建设社会主义应走什么样的道路？一开始，既没有现成的经验可以借鉴，也没有既成的模式可以遵循。当时，苏联在社会主义建设方面是我们所谓的"老大哥"。于是，当时就注重"向苏联学习"，学习社会主义建设的所谓"苏联模式"。经过一段时间的实践，我们发现这种模式不完全适合中国国情。中国共产党人经过认真反思和总结，深刻认识到中国社会主义建设必须"走自己的路"。于是，毛泽东根据当时中国具体实际，发表了《论十大关系》，确定了中国建设社会主义必须处理好的十大关系。《论十大关系》是确定我国社会主义建设"走自己的路"的理论基础和基本内容。

第三，改革开放和社会主义现代化建设新时期，我们党强调解放思想、实事求是。1978 年，我国开启改革开放和社会主义现代化建设新时期。当时我国改革开放面临的最大阻力，是"左"的思潮和倾向，其本质特征，就是从本本找答案，从语录找结论，从权威找出路。这种从本本出发的教条主义影响了我国改革开放和社会主义现代化建设。不冲破这重阻力，就迈不开改革开放和社会主义现代化建设新步伐。针对这种倾向，邓小平发表了《解放思想，实事求是，团结一致向前看》。其实质，就是力求打破本本主义、教条主义束缚，确立解放思想、实事求是的党的思想路线，注重从中国具体实际出发认识中国国情。要言之，就是要把马克思主义基本原理同中国具体实际相结合。

3. 唯物辩证法的精髓是注重"结合"的哲学基础

马克思、恩格斯把黑格尔的辩证法与费尔巴哈的唯物主义有机结合起来，确立了唯物辩证法。唯物辩证法具有现实特质，本质上是注重"事物自身的辩证法"，其任务就是揭示事物内部的普遍联系、矛盾运动和发展过程。

列宁的《哲学笔记》是唯物辩证法的代表作。列宁指出，辩证法的第一要素，就是首先要关注"自在之物本身"，即事物自身（存在）的客观性，还要关注事物自身的运动、发展，即事物发展的辩证法。在《谈谈辩证法问题》中，列宁以马克思的《资本论》为例，着重谈论一般和个别的关系，强调"一般只能在个别中存在，只能通过个别而存在"，任何个别都是一般，同时"任何一般都是个别的"。就是说，普遍性离不开特殊性，普遍性寓于特殊性之中，并通过特殊性表现出来。显然，这是为普遍同特殊相结合、一般同个别相结合提供哲学基础。从本质来说，马克思主义基本原理具有普遍性、一般性，必须坚持。然而，这种普遍性、一般性不是抽象的，而是具体的，它只有通过特殊的具体实际才能体现出来。

毛泽东沿着列宁的思路继续走下去，在其唯物辩证法的代表作《矛盾论》中，更为鲜明地强调普遍和特殊、共性和个性的关系，注重普遍与特殊、共性与个性相结合，认为关于共性和个性的关系就是事物矛盾的精髓，当然也是辩证法的精髓。把这种关系上升到"精髓"的高度，其实质就是为马克思主义基本原理同中国具体实际相结合提供哲学基础。

邓小平把解放思想、实事求是确立为党的思想路线。这意味着要从中国具体实际出发看待事物、分析问题，这为马克思主义中国化提供了理论依据，即马克思主义必须同中国具体实际相结合。

通过上述梳理，我们可得到两点深刻认识：第一，中国需要马克思主义，需要以马克思主义之"矢"放中国之"的"。马克思主义作为从人类社会历史发展的客观实际中抽象出来的基本原理，具有普遍性和共性，为中国共产党人认识世界和改造世界提供了行动指南，是我们立党立国的根本指导思想，是我们党的灵魂和旗帜。第二，从实践中生长出的马克思主义基本原理还必须通过广大人民群众的实践回到中国具体的现实环境中落地、扎根，只有同中国具体实际相结合，运用于现实世界才能发挥其指导作用。脱离现实世界，离开具体条件，马克思主义基本原理的普遍性就无从谈起。

（二）运用科学的世界观和方法论对"两个结合"的内涵及实质展开阐述

谈"结合"，究竟要结合"什么"，强调结合的"实质"又是什么，"结合"会产生何种成果？曾有研究成果强调，马克思主义中国化有三层含义，即马克思主义基本原理同中国具体实际相结合，包括同中国实践、中国历史传统、中国传统文化相结合三个基本方面。也有专家指出，马克思主义中国化包括两层含义，即马克思主义基本原理同中国实际相结合、同时代特征相结合，集中表现为实践性和时代性。这表明我国理论界已经提出马克思主义基本原理要"结合"中国具体实际、中国历史传统、中国传统文化的内涵，其中包括马克思主义基本原理"两个结合"的内涵。

中国具体实际是中国"历史传统"的当代呈现，"时代特征"也蕴含在中国具体实际之中。也就是说，从"中国具体实际"中可以分析出中国的"历史传统"和"时代特征"；而且，影响中国以及中国具体实际的基因是中华优秀传统文化，中华优秀传统文化是中华民族的血脉，是中国人一切行为的底蕴。所以，2021 年，习近平总书记在"七一"重要讲话中提出的"两个结合"具有代表性，具有典型样本意义。把现有理论界研究成果作为思想资源，可从下述三个层面理解习近平总书记在"七一"重要讲话中提出的"两个结合"的内涵及实质。

马克思主义中国化具有"中国化""化中国""理论成果"

三个根本维度和三个层次的内涵，三者既有区别又有联系。从
"结合"的重要性来讲，当然应先讲"化中国"，即从现实维度
讲马克思主义基本原理同中国具体实际相结合，其实质，就是
使马克思主义在中国开花、结果，既寻求正确的中国道路，以
解决中国社会主要矛盾和中国问题，推进中国历史进步，也创
新发展马克思主义；若从"结合"的历史逻辑来说，可以先
分析"中国化"，即马克思主义基本原理同中华优秀传统文化
相结合，因为马克思主义基本原理只有首先在中国落地、扎
根（"中国化"），然后才能开花、结果（"化中国"），而在中国
落地、扎根，就是先从历史维度讲马克思主义基本原理同中华
优秀传统文化相结合，其实质，就是既使马克思主义在中国落
地、扎根，又运用马克思主义立场观点方法对中华优秀传统
文化进行创造性转化和创新性发展；从理论成果维度讲，这
"两个结合"会产生中国化马克思主义这一创新成果。这里，
"中国化"、"化中国"和"理论成果"的逻辑关系是，只有先
解决"中国化"问题，才能解决"化中国"问题，"中国化"
的目的是"化中国"，"中国化"和"化中国"就会产生中国化
马克思主义的"理论成果"。

**1. 马克思主义基本原理同中华优秀传统文化相结合，使马
克思主义在中国落地、扎根，此可谓"中国化"**

其一，马克思主义基本原理同中华优秀传统文化相结合，
具有结合的现实性。马克思主义与中华优秀传统文化具有基因

"契合性"和价值"一致性",因而能在中国落地、扎根。中华优秀传统文化的精髓是强调世界大同、协和万邦、兼济天下、和衷共济、民为邦本,马克思主义在本质上追求人类解放、以人民为本、共同富裕、社会和谐、每个人自由全面发展等。二者相通,构成马克思主义基本原理在中国"落地生根"的文化基础。

其二,马克思主义基本原理同中华优秀传统文化相结合,具有结合的必要性。一是马克思主义的本性要求。马克思主义具有在现实中落地、扎根、开花、结果的本性,其产生形成与实际运用必然要考虑落地、扎根、开花、结果的具体条件包括文化土壤。二是马克思主义具有满足中国需要的实际功能。仅仅依靠中华传统文化解决不了近代以来中国"向何处去"这一根本问题,历史和实践经验表明,只有运用马克思主义的立场观点方法,才能解决这一问题;马克思主义要解决这一问题,首先要在中国落地、扎根,被中国共产党人和中国人民理解和掌握,这就需要同中华优秀传统文化相结合。三是实现伟大梦想的迫切需要。实现中华民族伟大复兴,迫切需要把广大人民群众团结凝聚起来,中华优秀传统文化具有这种功能,它是中华民族共有的精神血脉、精神家园和精神纽带。

其三,马克思主义基本原理同中华优秀传统文化相结合,还要精准确定结合的方式、方法。这种相结合的方式、方法,就是坚持马克思主义基本原理本质不变的前提下的"双方优势结合"和"双方功能互补"。任何结合一定会有一个主体方,无论如何结合，主体方的"本质"基本上不能改变，否则就会不伦不类。马克思主义基本原理是"结合"的主体方，中国共产党人在任何时候都必须坚持。在此前提下，我们既要运用马克思主义立场观点方法，对中华优秀传统文化实现创造性转化和创新性发展，使中华优秀传统文化服务于实现中华民族伟大复兴，服务于有效应对世界百年未有之大变局，又要汲取中华优秀传统文化的积极因素，从而进一步丰富和发展马克思主义；既要充分发挥中华优秀传统文化的积极作用，使马克思主义在中国落地、扎根，又要运用马克思主义立场观点方法解决中国问题。毛泽东等老一辈革命家就是这方面的典范。比如对中国哲学史上关于知与行的争论，关于两种发展观的争论，关于历史观上的道德与功利、动机与效果的讨论，他们都作出了科学的批判和总结。再比如，实事求是与思想路线、民本思想与群众路线、尚贤思想与干部路线、大同理想与构建人类命运共同体、崇德精神与党性修养、群体意识与集体主义、小康之治与小康社会等，均是我们对传统命题的创新性发展。推进马克思主义中国化，就要对从孔夫子到孙中山的思想遗产进行全面批判的继承，让5 000多年的文明史成为理论创新的文化血脉和取之不尽的精神资源。

其四，马克思主义基本原理同中华优秀传统文化相结合，还要确定相结合的正确路径，即确定马克思主义在中国的具体实现方式。具体来说，就是使马克思主义基本原理具有中国式体现，使马克思主义方法论获得中国式运用，使马克思主义话语拥有中国式表达。实事求是，既是马克思主义基本原理的中国式体现，也是马克思主义基本方法论的中国式运用，还是马克思主义话语的中国式表达。马克思主义的一条基本原理强调物质决定精神、社会存在决定社会意识，其中国式体现就是实事求是；马克思主义的一条基本方法论，是一切从客观实际出发，其中国式运用也是实事求是；辩证唯物主义基本原理的话语表达是客观存在决定主观意识，其中国式表达还是实事求是。

2. 马克思主义基本原理同中国具体实际相结合，使马克思主义在中国开花、结果，此可谓"化中国"

马克思主义基本原理同中国具体实际相结合更具有根本性，其内涵及实质可从两方面来理解。

其一，从"化什么"看，这涉及"结合"的根本环节。马克思主义基本原理同中国具体实际相结合，从根本上说，主要包括"谁来化""化什么""怎么化""化出什么"四个根本环节。这里的"化"，既指使基本原理化为某种结果的一种努力和过程，也指使基本原理具有某种状态。从其内涵和实质讲，最值得我们关切的是"化什么"。"化什么"既是主体与客体互动性的内在统一，又是过程与结果的有机统一。马克思主义基本原理同中国具体实际相结合，就是"化基本原理"与"化具体实际"的有机统一。

"化基本原理"，绝不是消解马克思主义，而是马克思主义基本原理要同中国具体实际相结合，即立足中国历史方位，直面社会主要矛盾，解决中国问题，使马克思主义成为具有中国风格的中国化马克思主义。这是用"中国具体实际"转化马克思主义基本原理，确定其在中国的具体实现方式，马克思主义基本原理是化的"主题内容"，"中国具体实际"是化的"实现方式"。

"化具体实际"，就是用马克思主义基本原理与中国化马克思主义武装全党、教育人民、指导实践，解决中国面临的社会主要矛盾和根本问题，改造中国实践，促进中国社会进步和人的全面发展，使中国化马克思主义成为中国共产党执政的理论基础和中国人民的精神武器。这是用马克思主义基本原理与中国化马克思主义化中国，马克思主义基本原理与中国化马克思主义是化的"主体"，中国实践是化的"客体"。

其二，从"马克思主义根本作用"看，坚持马克思主义基本原理同中国具体实际相结合，是因为马克思主义对满足国家发展需要、解决中国社会主要矛盾和根本问题具有十分重要的作用，中国需要用马克思主义之"矢"放中国之"的"。这就是2021年习近平总书记"七一"重要讲话所讲的，在中国，中国共产党为什么能、中国特色社会主义为什么好，归根结底是因为马克思主义行。

马克思主义行，首先是因为马克思主义基本原理行，它能使我们站在历史正确的一边，掌握历史主动。马克思主义基本原理具有穿越时空进而发挥指导作用的特质。掌握不掌握马克思主义基本原理,实践效果大不一样。马克思主义基本原理的首要一条,就是社会基本矛盾原理。社会基本矛盾原理的一个核心要点,就是要看生产关系与生产力、上层建筑与经济基础是否适合。所谓适合,就是一定的社会基本矛盾既能使经济社会发展充满动力和活力,也能使经济社会发展保持平衡与和谐,而当发展动能不足、发展失衡时,各种治理能跟上;所谓不适合,就是一定的社会基本矛盾既使经济社会发展缺乏动力和活力,也使经济社会发展失去平衡与和谐,当发展动能不足、发展失衡时,各种治理跟不上。其中所讲的经济社会发展的动力、平衡和治理状况,就是一定社会基本矛盾状况的具体体现,也蕴含着经济社会发展的一条基本规律。

我国改革开放和社会主义现代化建设,总体上遵循的就是这条规律,把社会基本矛盾原理作为行动指南,从而掌握了历史主动:在改革开放之初,我国总体上相对注重激活经济社会发展的动力、活力;当经济社会发展出现某种不平衡、不和谐时,我们倡导以人为本、全面协调可持续的科学发展观,努力构建社会主义和谐社会;中国特色社会主义进入新时代,针对经济社会发展的某些动能不足并出现某种失衡的情形,我们积极推进国家治理体系和治理能力现代化,致力于解决发展不平衡不充分的问题。正因如此,我们党领导人民创造了世所罕见的经济快速发展奇迹和社会长期稳定奇迹,当今正致力于创造中国之治奇迹。

马克思主义行,其次是因为中国化马克思主义行,它立足中国历史方位，直面中国社会主要矛盾，解决中国根本问题，促进中国走向成功。中国共产党为什么能、中国特色社会主义为什么好、马克思主义为什么行是一个有机整体，要彼此理解：中国共产党之所以能，是因为它使马克思主义行、使中国特色社会主义好；中国特色社会主义之所以好，是因为它使中国共产党能、使马克思主义行；马克思主义之所以行，是因为它使中国共产党能、使中国特色社会主义好。中国共产党人坚持把马克思主义基本原理同中国具体实际相结合、同中华优秀传统文化相结合，形成了中国化马克思主义，包括毛泽东思想、邓小平理论、"三个代表"重要思想、科学发展观、习近平新时代中国特色社会主义思想。这是"我们中国自己"的马克思主义，这样的马克思主义使中国共产党人立足中国国情，解决中国特色社会主义建设进程中出现的矛盾和问题，进而促进中国走向成功。

马克思主义行，还是因为21世纪马克思主义行，它能使我们观察时代、把握时代、引领时代。21世纪马克思主义，是世界社会主义运动中心转移到当代中国而建构的，是既能为解决人类问题又能为解释和引领21世纪的世界所贡献的科学理论体系，是中国理论走向世界的标识性符号。当今世界正经历百年未有之大变局，迫切需要理论解释。

面对整个世界的不确定性，首先要给出合理解释。在解释世界问题上，一段时间内，新自由主义拥有话语权，但面对世界百年未有之大变局，新自由主义出现解释困境。新自由主义在本质上奉行个人至上，注重个体力量，当个体力量面对系统力量时，面对动荡变革的世界，追求个人自由会力不从心。

相反，21世纪马克思主义却具有解释优势。21世纪马克思主义注重"人类主体性""群体协同性""命运共同性"，能以系统应对系统，以整体应对整体。面对系统性的不确定性、动荡变革，需要全人类共同努力，需要集体力量、人民力量，需要个体服从整体和大局，需要团结合作、携手克难。21世纪马克思主义强调的正是"人类"与"群体"的协同性与主体性，强调系统整体，注重依靠人类力量、集体力量与团结合作力量，注重个体服从整体和大局，注重携手构建人类命运共同体。21世纪马克思主义能站在历史正确的一边，以确定应对不确定。21世纪马克思主义注重运用系统思维、辩证思维和战略思维完整理解事物内部矛盾，把握事物的本质、发展趋势和规律，有助于从系统上正确处理系列复杂矛盾关系，应对种种不确定。21世纪马克思主义是以和平发展、合作共赢为核心理念的科学理论体系，是注重携手构建人类命运共同体的科学理论体系，是注重以集体力量、人民力量、团结合作力量应对各种复杂的矛盾难题、障碍阻力、风险挑战的科学理论体系，它有助于解答社会主义与资本主义并存的21世纪和世界百年未有之大变局中的矛盾难题和人类问题，有助于我们观察时代、把握时代和引领时代。

（三）"两个结合"是创新发展马克思主义的根本路径

　　"两个结合"的第三种内涵，主要针对马克思主义教条化倾向的问题，强调马克思主义要与时俱进，要通过"两个结合"推进马克思主义创新发展，用中国化时代化马克思主义指导中国实践。

　　在运用马克思主义解决中国社会主要矛盾和根本问题过程中，需要解决的一个重要课题，就是防止把马克思主义教条化。在中国革命、建设、改革历史进程中，不同程度地存在着把马克思主义教条化的倾向。教条主义在本质上是一种主观与客观相分离、认识与实践相脱离、理论与实际相背离的主观唯心主义。其本质特征是：在没有完全理解和把握马克思主义的真正本质与具体实际的情况下，用"只言片语"替代"有机整体"，用"外在标签"替代"内在生成"，用"主观臆想"替代"现实联系"，用"公式套语"剪裁"具体现实"；把部分理论和具体结论看作普遍的"一般历史哲学"，是包治百病的灵丹妙药；想问题、办事情，从抽象原则和书本公式出发，而不是从客观实际出发；离开中国国情、历史条件和具体实际，离开时代和实践的发展，固守马克思主义经典作家基于当时具体历史条件和实际情况得出的个别论断、具体结论；习惯于从经典作家的只言片语中寻求万古不变的公式和药方，并剪裁急剧变化的社会生活。教条主义是马克思主义中国化时代化的天敌，是马克思主义基本原理同中国具体实际相结合、同中华优秀传统文化相结合的障碍，给中国革命、建设、改革带来了严重危害，其深刻教训使中国共产党人认识到："马克思主义理论从来不是教条，而是行动的指南。它要求人们根据它的基本原则和基本方法，不断结合变化着的实际，探索解决新问题的答案，从而也发展马克思主义理论本身。"① 这就要求我们在运用马克思主义立场观点方法解决中国社会主要矛盾和根本问题的过程中，必须反对把马克思主义教条化的倾向，不断推进马克思主义中国化时代化，坚持马克思主义基本原理同中国具体实际相结合、同中华优秀传统文化相结合，并创新中国化时代化马克思主义，发挥中国化时代化马克思主义在解决中国社会主要矛盾和根本问题中的重要作用。

中国的社会主义脱胎于政治经济相对落后的半殖民地半封建社会，既不同于马克思、恩格斯所构想的在社会生产力高度发达基础上的社会主义，也不同于"苏联模式"的社会主义。在这样的国情下怎样建设社会主义，在马克思主义发展史上确实未曾遇到过，也不可能从马克思主义的"本本"中找到现成答案。中国共产党人坚持把马克思主义基本原理同中国具体实际相结合、同中华优秀传统文化相结合，创造性地回答了什么是马克思主义、怎样对待马克思主义，什么是社会主义、怎样建设社会主义，建设什么样的党、怎样建设党，实现什么样的发展、怎样发展，什么是新时代中国特色社会主义、怎样建设新时代中国特色社会主义等重大时代课题，探索了在经济文化

---

① 邓小平.邓小平文选：第 3 卷.北京：人民出版社，1993：146.

相对落后的国家如何建设和发展社会主义的问题，从而推进马克思主义的创新发展，形成并发展了中国化时代化马克思主义。

当今世界正处于动荡变革期，中国特色社会主义进入新时代，新情况新问题层出不穷。如何解决好中国式现代化进程中出现的各种矛盾和问题，为实现中华民族伟大复兴铺平道路？当代中国马克思主义、21 世纪马克思主义需要作出积极回应。我们需要通过推进马克思主义基本原理同中国具体实际相结合、同中华优秀传统文化相结合，发展当代中国马克思主义、21 世纪马克思主义。

当今最需要深入研究的是如何推进马克思主义基本原理的"两个结合"。

1. 需要系统深入总结并坚持推进马克思主义基本原理"两个结合"的重要经验

理论界对马克思主义基本原理的"两个结合"，尤其是同中国具体实际相结合的基本经验进行了总结。有的学者分别从理论前提、实践基础、必要条件、必由之路和重要保证五个方面进行概括：科学对待马克思主义，坚定马克思主义的信念，准确地理解马克思主义基本原理和中国具体实际；坚持实事求是，一切从国情实际出发，反对各种形式的教条主义；马克思主义要与时俱进、不断创新，以发展眼光看待马克思主义和中国具体实际；始终坚持群众观点和群众路线，坚持以实现和发展最广大人民群众的根本利益为根本宗旨；加强中国共产党的理论建设，正确对待中华优秀传统文化和现代文明成果，把世界性、时代性的内容与民族性的形式有机结合起来，形成鲜明的中国气派。有的学者把与"两个结合"相关的基本经验概括为五条：真正了解中国实际，一切从中国国情出发；继承优秀历史文化，创造民族形式，形成中国气派；坚持世界眼光，吸收人类文明一切优秀成果；让马克思主义掌握群众，使之成为改造中国的强大力量；解放思想，与时俱进，不断总结实践经验，实现理论创新。

在吸收理论界研究成果的基础上，总结并坚持推进马克思主义基本原理"两个结合"的经验，可从"中国化"本身和"三化"整体两方面入手。

就"中国化"本身而言，马克思主义基本原理"两个结合"的经验可概括为四个"着眼于"：以分析解决中国问题为中心，着眼于从历史发展阶段与社会主要矛盾来把握中国国情；着眼于从正确的政治方向，正确的思想路线，正确的价值标准，正确处理中国革命、建设、改革进程中出现的矛盾关系来把握中国历史经验；着眼于从符合历史规律且有利于社会进步和人的发展来把握中华优秀传统文化；着眼于从时间、空间和条件出发把握中国实践发展要求。具体来说，主要有以下方面：

从目的看，推进马克思主义基本原理"两个结合"的过程，实质上就是解决中国问题的过程。为了解决中国革命、建设、改革进程中的重大问题，确有推进"两个结合"的必要。

从总体看，推进"两个结合"首先要把握中国国情，中国国情在根本上可从历史发展阶段与社会主要矛盾上来理解。不同历史发展阶段及其社会主要矛盾蕴含着不同的中国问题。

从历史看，推进"两个结合"需要做到"三个必须"：必须把握好正确的政治方向，必须坚持解放思想、实事求是的思想路线，必须确立并坚持判断推进"两个结合"成效的根本标准。

从推进"两个结合"的历史进程看，必须正确处理中国革命、建设、改革进程中出现的系列矛盾关系，推动理论和实践不断发展。

从传统看，在推进"两个结合"进程中，必须考虑结合的"血脉"问题，即如何汲取中华优秀传统文化的积极因素，并进行创造性转化、创新性发展。

从实践发展进程看，中国共产党人从不同历史方位、社会主要矛盾、所解决的根本问题、首要任务出发，来把握中国实践发展新要求，进而推进"两个结合"。

就"三化"作为整体而言，也积累了一些基本经验。这里的"三化"，就是马克思主义中国化时代化大众化。推进"两个结合"的基本经验可概括为：推进"两个结合"只有体现时代发展要求和人民大众利益，才能得到顺利健康发展，离开时代发展就会落后于时代发展所要求的水平，离开人民大众利益，就得不到人民大众的认同。

推进"两个结合"实际上是推进马克思主义中国化时代化的一条基本规律，它揭示了马克思主义中国化时代化的"历史""现实""理论"三个根本环节，建立起了"历史""现实""理论"之间的本质联系，实现了三者的有机统一。

2. 需要把握中国具体实际的根本，确定结合点

推进马克思主义基本原理同中国具体实际相结合的方式，最为根本的就是厘清"中国具体实际"的内涵，这涉及确定"结合点"的问题。

究竟什么是"中国具体实际"？"结合点"到底是什么？对此，不能知其然而不知其所以然。这是需要进一步厘清的重要问题，不然，对"中国具体实际""结合点"的理解就会陷入人云亦云的境地。理解和把握"中国具体实际"，需要从"历史方位""社会主要矛盾""根本问题""中国道路"四个核心要素入手。

首先是"历史方位"，这是"中国具体实际"的时空维度。任何一种具体实际，都是一定历史时间中的实际，也是特定空间中的实际。中国的具体实际与美国的具体实际有很大差异，新民主主义革命时期的具体实际同改革开放和社会主义现代化建设新时期的具体实际也有所不同。

其次是"社会主要矛盾"，这是"中国具体实际"的本质维度。人类活动错综复杂、千差万别、千变万化，但归根结底可以还原到两个根本原点，即需求和供给。社会主要矛盾，表

达的是一个社会的总体需求状况和供给状况，以及供给满足需求的状况。一个社会的主要矛盾状况，是判断一个社会"基本国情"的主要依据之一，是判断一个社会整体发展状况的主要依据之一，是制定路线方针政策的主要依据之一，是党中央治国理政的基本依据，因而具有本质性。理解和把握"中国具体实际"，就必须把一定历史方位中的"社会主要矛盾"状况作为一个核心要素。从毛泽东到习近平都十分关切社会主要矛盾，就是如此。

再次是"根本问题"，这是"中国具体实际"的时代维度。科学解答时代"问题"是马克思主义出场的基本路径，创造性地回答时代课题是马克思主义发展的动力。如马克思所言："问题却是公开的、无所顾忌的、支配一切个人的时代之声。问题是时代的格言，是表现时代自己内心状态的最实际的呼声。"[①]源自西方的马克思主义之所以能够在中国大地落地、扎根、开花、结果，其自身的科学性、革命性、实践性固然重要，但更为重要的，是因为它契合了中国解决主要矛盾和根本问题的迫切需要。我们所解决的根本问题是社会主要矛盾的具体呈现，我们所讲的根本问题，背后都是社会主要矛盾使然。"中国具体实际"，自然包括一定历史方位所面临的社会主要矛盾及其蕴含的根本问题。中国共产党人在不同时期面临的"时代课题"，都与不同时期的"社会主要矛盾"及其所蕴

---

① 马克思，恩格斯.马克思恩格斯全集：第1卷.2版.北京：人民出版社，1995：203.

含的"根本问题"直接相关。马克思主义基本原理同中国具体实际相结合,其首要目的,就是破解一定历史方位中的社会主要矛盾及其所蕴含的根本问题。自中国共产党诞生那一天起,我们党就强调将马克思主义基本原理同中国具体实际相结合,就是要运用马克思主义立场观点方法来解决我们党所面临的根本问题或现实问题。正如习近平所强调的:"中国共产党人干革命、搞建设、抓改革,从来都是为了解决中国的现实问题。"①

最后是"中国道路",这是"中国具体实际"的实践维度。破解社会主要矛盾,解决中国问题,关键在于找到一条正确的中国道路。"中国道路"的核心,既包括奋斗目标,也包括实现奋斗目标的实践方略。作为奋斗目标,它是所解决的社会主要矛盾和根本问题的一种方向性表达;作为实践方略,它是解决社会主要矛盾和根本问题的根本方式。中国道路,就是直奔解决社会主要矛盾和根本问题而去的。比如,中国式现代化新道路,就是直奔解决人民日益增长的美好生活需要和不平衡不充分的发展之间的社会主要矛盾而去的,进而是直奔解决其中所蕴含的人民生活"好不好"、国家"强不强"、"世界和平不和平"和"政党过硬不过硬"等根本问题而去的。"中国具体实际",自然包括"中国道路"这一要素。马克思主义基本原理同中国具体实际相结合,最根本的就是找到一条能解决一定历史方位的社会主要矛盾和根本问题的正确道路。习近平指

---

① 习近平.习近平著作选读:第1卷.北京:人民出版社,2023:161.

出："道路问题是关系党的事业兴衰成败第一位的问题，道路就是党的生命。"[①]

谈到中国道路，就涉及"两个结合"与中国式现代化新道路之间的关系。坚持并推进"两个结合"的目的之一，既是寻求破解中国社会主要矛盾和根本问题的正确道路，也是为了使中国道路具有中华优秀传统文化基因，使其有助于解决中国社会主要矛盾和根本问题。所以，坚持并推进"两个结合"与中国式现代化新道路，本质上是同一问题的两个侧面，即在创造中国式现代化新道路进程中不断推进马克思主义中国化时代化及"两个结合"，而不断推进马克思主义中国化时代化及"两个结合"，也要紧紧围绕创造中国式现代化新道路来进行。

3. 需要提炼中华优秀传统文化精髓，寻求结合路径

首先，中华优秀传统文化是中国人理解马克思主义基本原理的"起点"，是推进马克思主义中国化时代化的思想资源，它使马克思主义中国化时代化具有民族根基与文化血脉。

马克思主义基本原理同中华优秀传统文化相结合，本是马克思主义中国化时代化的题中应有之义。以往对马克思主义中国化时代化的理解，主要侧重于"把马克思主义基本原理同中国具体实际相结合"，在一定程度上相对忽略同中华优秀传统文化相结合。毛泽东思想、邓小平理论、"三个代表"重要思想、科学发展观、习近平新时代中国特色社会主义思想等理论

[①] 习近平. 习近平著作选读：第1卷. 北京：人民出版社，2023：84–85.

创新成果表明，中华文化是中国人理解马克思主义基本原理的"起点"，其优秀成分更是马克思主义中国化时代化过程中不断得到丰富与发展的肥沃土壤。正如产生于西方文化语境的马克思主义有自己的理论来源一样，具有 5 000 多年历史文化传统的中华文明也构成马克思主义中国化时代化的思想资源。马克思主义基本原理同中华优秀传统文化相结合，不仅要系统梳理中华优秀传统文化遗产，对从孔夫子到孙中山的思想遗产进行全面批判继承，更要进一步研究这一文化遗产如何为党的创新理论所扬弃性继承和发展。只有这样，马克思主义基本原理才会真正具有民族根基与文化血脉，才能真正做到马克思主义基本原理同中华优秀传统文化相结合。

其次，可以从中华传统文化中寻求结合方式，既对其精华实行创造性转化和创新性发展，又运用马克思主义立场观点方法克服其历史局限，以丰富发展马克思主义。这种结合方式可概括为"双方优势结合"和"双方功能互补"。

如何处理好马克思主义基本原理同中华优秀传统文化的关系，是一个焦点问题。有些学者拒斥中华优秀传统文化，另一些学者希望在中华优秀传统文化中找到马克思主义的因素。实际上，如果马克思主义基本原理不同中华优秀传统文化相结合，中国化时代化的马克思主义就会失去中华文化之根，而仅仅谈中华传统文化复兴，中国化时代化的马克思主义又难以获得自己的超越性和时代性。这里的关键，是如何寻求马克思主义基本原理同中华优秀传统文化相结合的方式。我们既要弘扬中华优秀传统文化，使马克思主义在中国落地、扎根，还要运用马克思主义对中华优秀传统文化实现创造性转化和创新性发展。

从民族文化的包容性看，马克思主义中国化时代化就是中华民族从文化心理上接受马克思主义，进而对自身的传统文化进行扬弃的创新过程。中华优秀传统文化是在漫长的历史演变中，由不同民族、不同地域的世代传承交汇融合而成的，其突出特点是海纳百川、兼容并包。如果没有中华民族文化的包容性，马克思主义中国化时代化就不可能有广泛的群众基础。要进一步立足当代中国和世界的发展，运用马克思主义立场观点方法，对中华优秀传统文化进行深入发掘和提炼，重构一种真正面向现代化、面向世界、面向未来的中国特色社会主义文化；与此同时，也要使马克思主义更深层次地融入中华文化，从而具有深厚的中华文化底蕴，具有更鲜活的民族表达方式，具有更鲜明的民族特色。

要言之，马克思主义基本原理和中华优秀传统文化是"体用关系"，可以从中华优秀传统文化中找到马克思主义创新发展和发挥作用的生长点，这是通过对中华优秀传统文化实现创造性转化和创新性发展实现的。习近平就是在充分吸收中华优秀传统文化中关于世界大同、协和万邦、兼济天下等积极有益的思想的基础上，提出积极携手构建人类命运共同体，从而创新发展了 21 世纪马克思主义的。

需澄清的是，在推进中国式现代化进程中，不是中华优秀传统文化挽救了中国，而是中国革命的胜利使中华优秀传统文化免于同近代中国社会和民族的衰败一道走向没落；不是中华优秀传统文化把一个满目疮痍、贫穷落后的中国推向世界，而是当代中国的改革开放和社会主义现代化建设以及中华民族伟大复兴把中华优秀传统文化推向世界，使中华优秀传统文化重振雄风成为可能。没有一个强大的中国，就不会有一个名扬四海的孔夫子。中华传统文化确有其历史局限，其重权力轻能力的价值取向、重管治轻服务的权力运作方式、重人治轻法治的社会意识、重直觉感悟轻科学理性的思维方式等，这些与马克思主义文化特质有很大不同。这意味着马克思主义对中华优秀传统文化肩负着创造性转化和创新性发展的重任。在转化和发展的过程中，传统文化的积极因素和消极因素都会发挥作用，我们要警惕在马克思主义基本原理同中华优秀传统文化相结合过程中某些消极东西的渗入。

最后，让马克思主义讲"中国话语"。马克思主义基本原理的话语表达至关重要。人们之间在进行对话交流时，对不懂英语的人讲英语他们会听不懂，对不懂粤语的人讲粤语他们也听不懂，对3岁的儿童讲大人的道理他们更听不懂，这里有一个话语表达问题。要使马克思主义基本原理在中国落地、扎根、开花、结果，就需要让马克思主义讲"中国话语"，以便中国人理解、把握、接受马克思主义。如马克思主义关于辩证唯物论的基本原理，在中国讲就是实事求是；关于人民群众是历史创造者的原理，在中国讲就是以人民为中心；关于民主的基本原理，在中国讲就是全过程人民民主；马克思主义的中国化表达，就是毛泽东思想、邓小平理论、"三个代表"重要思想、科学发展观、习近平新时代中国特色社会主义思想。

二、"六个必须坚持"是推进理论创新的哲学方向和方法

党的二十大报告指出，"实践没有止境，理论创新也没有止境。不断谱写马克思主义中国化时代化新篇章，是当代中国共产党人的庄严历史责任。继续推进实践基础上的理论创新，首先要把握好新时代中国特色社会主义思想的世界观和方法论"①。从学理和哲理上，这段重要论述具有两层含义：一是

---

① 习近平.高举中国特色社会主义伟大旗帜 为全面建设社会主义现代化国家而团结奋斗：在中国共产党第二十次全国代表大会上的报告.北京：人民出版社，2022：18.

它着眼于进行时、未来时。这里所讲的"没有止境""不断谱写……新篇章""继续推进……理论创新"等话语，强调的都是进行时、未来时。二是我们党要继续推进理论创新包括继续推进习近平新时代中国特色社会主义思想的理论创新，首先就要向纵深发展，向"根"和"本"发展，深化和提升到哲学层面，进一步注重"两个结合"，注重"六个必须坚持"。因为中国共产党人在推进马克思主义中国化时代化进而推进理论创新的历史进程中，积累起来的一条基本经验，就是要始终保持马克思主义的生机和活力，就必须注重"两个结合"，必须注重"六个必须坚持"。在"两个结合"中，在"六个必须坚持"中，必须坚持辩证唯物主义和历史唯物主义的世界观和方法论，这具有十分重要的作用。

（一）世界观和方法论与"两个结合"

党的二十大报告运用辩证唯物主义和历史唯物主义以及"六个必须坚持"的世界观和方法论，对"两个结合"的根本问题——"为何结合""结合什么""何能结合""如何结合"——展开系统阐述。马克思主义基本原理同中国具体实际相结合，其内涵及其实质，就是要运用马克思主义的科学世界观和方法论解决中国的问题，由此就"必须坚持解放思想、实事求是、与时俱进、求真务实，一切从实际出发，着眼解决新时代改革开放和社会主义现代化建设的实际问题"①，作出正确回答，得出科学认识，形成理论成果，指导中国实践。其中，历史方位—主要矛盾—根本问题—中国道路，是这种结合的核心要义。因为中国具体实际必须是一定历史方位中的具体实际，其中最根本的实际就是社会主要矛盾，从实际出发，实质上就是从一定历史方位中的社会主要矛盾出发。党中央治国理政具有问题意识，全力解决影响党和国家发展命运的根本问题，其根本问题主要蕴含在一定历史方位的社会主要矛盾中。解决一定历史方位中的社会主要矛盾和根本问题，在党中央治国理政中具有相当重要的地位。解决社会主要矛盾和根本问题，路径和方略很多，但最根本的是要找到一条正确的道路。马克思主义基本原理同中华优秀传统文化相结合，其核心要义及实质，就是"把马克思主义思想精髓同中华优秀传统文化精华贯通起来、同人民群众日用而不觉的共同价值观念融通起来"，"不断夯实马克思主义中国化时代化的历史基础和群众基础"②。展开来说，就是四条：确认中华优秀传统文化的"优秀精华"；确认中华优秀传统文化的"优秀精华"同马克思主义基本原理、科学社会主义价值观主张具有高度的契合性；确认只有通过对中华优秀传统文化实行创造性转化和创新性发展，才能使中华优秀传统文化彰显其时代意义和价值，充分显示其强大的

---

① 习近平. 高举中国特色社会主义伟大旗帜 为全面建设社会主义现代化国家而团结奋斗：在中国共产党第二十次全国代表大会上的报告. 北京：人民出版社，2022：17.

② 同①18.

生命力；确认只有通过"结合"和"创造性转化和创新性发展"，才能使马克思主义在中国牢牢扎根并根深叶茂，夯实马克思主义中国化时代化的历史基础和群众基础^①。在这"两个结合"中，都涉及哲学上的特殊和一般、主义和问题、历史和现实、现象和本质、主观和客观、理论和实践的辩证关系，因而，只有从哲学上运用科学的世界观和方法论及其中的立场观点方法来正确处理上述关系，才能真正做好"两个结合"，进而才能真正继续推进理论创新包括继续推进习近平新时代中国特色社会主义思想的理论创新。

（二）继续推进理论创新的哲学方向和方法

在"两个结合"的基础上，党的二十大报告进行了进一步的哲学提升和概括，从哲学上强调："继续推进实践基础上的理论创新，首先要把握好新时代中国特色社会主义思想的世界观和方法论，坚持好、运用好贯穿其中的立场观点方法"，即"六个必须坚持"。"六个必须坚持"是一个环环相扣、步步递进、逻辑严密的有机整体，体现的是政治逻辑和哲学逻辑，必须严格遵循，坚守其精神实质。它是习近平新时代中国特色社会主义思想的哲学逻辑、哲学精髓，是习近平治国理政的哲学逻辑、

---

① 习近平. 高举中国特色社会主义伟大旗帜 为全面建设社会主义现代化国家而团结奋斗：在中国共产党第二十次全国代表大会上的报告. 北京：人民出版社，2022：17-18.

哲学精髓，是贯穿党的二十大报告中的哲学逻辑、哲学精髓，是全面建设社会主义现代化国家新征程中的哲学逻辑、哲学精髓，当然也是继续推进理论创新包括继续推进习近平新时代中国特色社会主义思想的理论创新的哲学逻辑、哲学精髓。

话语的背后是"道"，是道理学理哲理。"六个必须坚持"具有深刻意蕴，它把我们对继续推进马克思主义中国化时代化的认识、对继续推进理论创新包括继续推进对习近平新时代中国特色社会主义思想的理论创新的认识提升到哲学新境界，从哲学上为继续推进理论创新包括继续推进习近平新时代中国特色社会主义思想的理论创新指明了方向，提供了哲学上的方法和思路。这就是：

——理论创新的任务，是"必须坚持问题导向"。哲学是时代精神的精华，问题是时代的声音，"回答并指导解决问题是理论的根本任务"；习近平治国理政实践也具有问题意识，他聚焦于解决"实践遇到的新问题、改革发展稳定存在的深层次问题、人民群众急难愁盼问题、国际变局中的重大问题、党的建设面临的突出问题"，善于运用马克思主义的科学世界观和方法论及其中的立场观点方法解决中国问题，"不断提出真正解决问题的新理念新思路新办法"①。对准问题，是进行理论创新的出发点，或者推进理论创新首要的是分析问题和解决问

---

① 习近平. 高举中国特色社会主义伟大旗帜 为全面建设社会主义现代化国家而团结奋斗：在中国共产党第二十次全国代表大会上的报告. 北京：人民出版社，2022：20.

题，只有如此，方能提出具有创新性的理论。实际上我们也正是在回答并指导解决问题的过程中推进理论创新，推进习近平新时代中国特色社会主义思想的理论创新的。

——理论创新的根本立场，是"必须坚持人民至上"。"人民性是马克思主义的本质属性，党的理论是来自人民、为了人民、造福人民的理论"①。要坚持好、运用好贯穿习近平新时代中国特色社会主义思想的立场观点方法解决中国问题，其中首要是"站稳人民立场、把握人民愿望、尊重人民创造、集中人民智慧，形成为人民所喜爱、所认同、所拥有的理论"②，使之成为指导人民认识世界和改造世界的强大思想武器。只有站稳人民立场，才能把握好理论创新的正确方向和价值导向，否则，理论创新就会走向"邪"路，偏离正确的政治大方向。

——理论创新的科学态度，是"必须坚持守正创新"。这关乎基本观点或基本原理，关乎理论创新过程中如何科学对待马克思主义基本观点、基本原理问题。理论创新，首先要坚持马克思主义基本原理不动摇，坚持党的全面领导不动摇，坚持中国特色社会主义不动摇，这是"守正"，是前提，离开"守正"的理论创新就会偏离马克思主义、中国特色社会主义、党的全面领导；同时，还要进一步推进马克思主义基本原理的"两个结合"，使马克思主义在中国落地、扎根、开花、结果，

---

①② 习近平 . 高举中国特色社会主义伟大旗帜 为全面建设社会主义现代化国家而团结奋斗：在中国共产党第二十次全国代表大会上的报告 . 北京：人民出版社，2022：19.

用中国化时代化的马克思主义武装全党、教育人民、指导实践、解决问题、创造奇迹、走向成功，这是创新，是发展，否则就会走向教条主义。所以，所谓守正创新，实质上讲的就是在理论创新过程中，要科学对待马克思主义的基本观点、基本原理[①]。

——理论创新的思想方法，是"必须坚持系统观念"。改革开放以来，中国特色社会主义总体上是沿着"重点突破—全面发展—系统谋划"的发展逻辑走过来的。习近平指出："系统观念是具有基础性的思想和工作方法"[②]。中国特色社会主义进入新时代，治国理政遇到的问题大都是系统性问题，牵一发而动全身，由此，就必须从系统观念出发加以谋划和解决，必须善于运用系统观念分析解决现象和本质、全局和局部、当前和长远、宏观和微观、主要矛盾和次要矛盾、特殊和一般的关系，从而为前瞻性思考、全局性谋划、整体性推进党和国家各项事业，进而为推进理论创新包括继续推进习近平新时代中国特色社会主义思想的理论创新，提供科学思想方法[③]。新时代继续推进理论创新，包括继续推进习近平新时代中国特色社会主义思想的理论创新，就一定要坚持系统观念，运用系统观念这一基础性的思想方法引领理论创新。

---

① 习近平.高举中国特色社会主义伟大旗帜 为全面建设社会主义现代化国家而团结奋斗：在中国共产党第二十次全国代表大会上的报告.北京：人民出版社，2022：20.

② 中共中央宣传部，国家发展和改革委员会.习近平经济思想学习纲要.北京：人民出版社，2022：164.

③ 同①20-21.

——理论创新要具有世界眼光，即"必须坚持胸怀天下"。新时代中国特色社会主义已经融入世界历史，中华民族伟大复兴战略全局、世界百年未有之大变局"两个大局"交织互动、相互激荡。这意味着，进入 21 世纪，中国的问题也是世界的问题，解决中国问题具有世界意义，世界的问题也是中国的问题，解决世界问题需要也可以贡献中国智慧、中国方案、中国理论。就此而言，21 世纪的世界是特别需要理论而且一定能够产生理论的世纪，它迫切需要给出理论解释，也是一个需要理论创新而且也一定能够推进理论创新的世纪。由此，继续推进理论创新包括继续推进习近平新时代中国特色社会主义思想的理论创新，既要立足中国，更要放眼世界，直面世界百年未有之大变局，把推进理论创新包括继续推进习近平新时代中国特色社会主义思想的理论创新置于人类发展进步潮流中，进而为解决人类面临的共同问题作出中国贡献，发展 21 世纪马克思主义。

——理论创新的立足基点，是"必须坚持自信自立"。这关系思想自主和理论创新的主体性问题。中国的问题必须从中国基本国情出发，由中国人自己来解答，且作出符合中国实际和时代要求的正确回答，基于中国国情、中国实际与时代要求，创立与时俱进的我们中国自己的理论成果，这是"自立"；用中国化时代化的马克思主义理论创新成果武装全党、教育人民、指导实践，可以解决问题、创造奇迹、走向成功，这是"自信"。因而，我们在推进理论创新的过程中，要坚持对马克思主义的坚定信仰，坚持对中国特色社会主义的坚定信念，坚定"四个自信"。由此，在继续推进理论创新包括继续推进习近平新时代中国特色社会主义思想的理论创新进程中，既要不断创新我们党自己的理论成果，又要对我们党的理论创新成果充满自信。

三、以世界观和方法论大力推进中国式现代化进而推进理论创新

　　党的二十大报告提出了继续推进理论创新的科学方法，即必须坚持人民至上、必须坚持自信自立、必须坚持守正创新、必须坚持问题导向、必须坚持系统观念、必须坚持胸怀天下。这"六个必须坚持"，也是习近平新时代中国特色社会主义思想的立场观点方法的重要体现。习近平指出："只有准确把握包括'六个必须坚持'在内的新时代中国特色社会主义思想的立场观点方法，才能更好领会这一思想的精髓要义，才能把思

想方法搞对头，认识问题才站得高，分析问题才看得深，开展工作也才能把得准，确保张弛有度、收放自如。"①推动中国式现代化取得新进展新突破，需要准确把握"六个必须坚持"。或者说，这"六个必须坚持"，也是大力推进中国式现代化的世界观和方法论。

（一）必须坚持人民至上

习近平指出："现代化道路最终能否走得通、行得稳，关键要看是否坚持以人民为中心。"②坚持人民至上，深刻体现唯物史观关于人民群众创造历史的基本观点，为推进中国式现代化明确了价值立场、提供了根本遵循。

中国式现代化是中国共产党领导的社会主义现代化，党的性质宗旨、初心使命、信仰信念、政策主张，决定中国式现代化是社会主义现代化，而不是别的什么现代化；决定中国式现代化是以人民为中心的现代化，是不断实现好、维护好、发展好最广大人民根本利益，坚定不移推进全体人民共同富裕的社会主义现代化。为中国人民谋幸福、为中华民族谋复兴，深刻彰显我们党领导社会主义现代化建设的出发点和落脚点。党的十八大以来，在以习近平同志为核心的党中央的坚强领导下，

① 习近平：在二十届中央政治局第四次集体学习时的讲话．求是，2023（10）．

② 习近平．携手同行现代化之路：在中国共产党与世界政党高层对话会上的主旨讲话．北京：人民出版社，2023：2.

在习近平新时代中国特色社会主义思想的科学指引下，我们党团结带领全国各族人民打赢了人类历史上规模最大的脱贫攻坚战，实现了小康这个中华民族的千年梦想。在幼有所育、学有所教、劳有所得、病有所医、老有所养、住有所居、弱有所扶上持续用力，建成世界上规模最大的教育体系、社会保障体系、医疗卫生体系，人民民主不断发展，人民群众获得感、幸福感、安全感更加充实、更有保障、更可持续，共同富裕取得新成效。实践证明，只有坚持人民至上，坚持以人民为中心的发展思想，坚持发展为了人民、发展依靠人民、发展成果由人民共享，才会有正确的发展观、现代化观，推动中国式现代化行稳致远。

（二）必须坚持自信自立

习近平指出："人类历史上，没有一个民族、没有一个国家可以通过依赖外部力量、跟在他人后面亦步亦趋实现强大和振兴。"[①]中国式现代化道路是党领导人民独立自主探索开辟出来的，我们要始终坚持自信自立，坚定不移走自己的路。

中国人民和中华民族从近代以后的深重苦难走向伟大复兴的光明前景，从来就没有教科书，更没有现成答案。在开创和推动中国式现代化进程中，我们党坚持马克思主义立场观点方

---

① 习近平.习近平著作选读：第1卷.北京：人民出版社，2023：214.

法，始终不渝为中国人民谋幸福、为中华民族谋复兴，无论形势和任务如何变化，不管遇到怎样的惊涛骇浪，我们党始终坚持把国家和民族发展放在自己力量的基点上，坚持把中国发展进步的命运牢牢掌握在自己手中，在把握历史主动、锚定奋斗目标中确保中国式现代化沿着正确方向稳步前进。中国特色社会主义进入新时代，以习近平同志为主要代表的中国共产党人，坚持把马克思主义基本原理同中国具体实际相结合、同中华优秀传统文化相结合，深刻总结并充分运用党成立以来的历史经验，从新的实际出发，科学回答中国之问、世界之问、人民之问、时代之问，创立了习近平新时代中国特色社会主义思想。在以习近平同志为核心的党中央的坚强领导下，在习近平新时代中国特色社会主义思想的科学指引下，党和国家事业取得历史性成就、发生历史性变革，我国迈上全面建设社会主义现代化国家新征程，成功推进和拓展了中国式现代化，创造了人类文明新形态。中国式现代化的成功实践，打破了"现代化＝西方化"的迷思，给世界上那些既希望加快发展又希望保持自身独立性的国家和民族提供了走向现代化的全新选择。

（三）必须坚持守正创新

习近平指出："我们从事的是前无古人的伟大事业，守正才能不迷失方向、不犯颠覆性错误，创新才能把握时代、引领时代。"①坚持守正创新，是我们党坚持和发展马克思主义，不断推进理论创新、进行理论创造的必然要求，是新时代推进中国特色社会主义理论和实践发展的必然选择，也是推进中国式现代化的科学方法。

推进中国式现代化，是一项前无古人的开创性事业，必然会遇到各种可以预料和难以预料的新情况新问题。让中国式现代化走得更实、行得更稳，必须坚持守正创新，处理好变与不变、继承与发展、原则性与创造性的辩证统一关系。进入新时代，我们党在立场、方向、原则、道路等根本性问题上旗帜鲜明、毫不含糊，着力正本清源、固本培元，同时在新中国成立特别是改革开放以来长期探索和实践基础上继续前进，不断实现理论和实践上的创新突破，成功推进和拓展了中国式现代化。以习近平同志为核心的党中央以科学的态度对待科学、以真理的精神追求真理，坚持马克思主义基本原理不动摇，持续推进实践基础上的理论创新，进一步深化对中国式现代化的内涵和本质的认识，概括形成中国式现代化的中国特色、本质要求和重大原则，初步构建中国式现代化的理论体系，使中国式现代化更加清晰、更加科学、更加可感可行，为中国式现代化提供了科学指引。

---

① 习近平. 高举中国特色社会主义伟大旗帜 为全面建设社会主义现代化国家而团结奋斗：在中国共产党第二十次全国代表大会上的报告. 北京：人民出版社，2022：20.

（四）必须坚持问题导向

习近平强调："问题是时代的声音，回答并指导解决问题是理论的根本任务。"①在领导和推进中国式现代化进程中，我们党始终坚持问题导向，把解决实际问题作为打开工作局面的突破口，不仅走出了中国式现代化道路，而且为推进世界现代化进程作出了重要贡献。

当今世界，多重挑战和危机交织叠加，世界经济复苏艰难，发展鸿沟不断拉大，生态环境持续恶化，冷战思维阴魂不散，人类社会现代化进程又一次来到历史的十字路口。两极分化还是共同富裕？物质至上还是物质精神协调发展？竭泽而渔还是人与自然和谐共生？零和博弈还是合作共赢？照抄照搬别国模式还是立足自身国情自主发展？我们究竟需要什么样的现代化？怎样才能实现现代化？面对这一系列的现代化之问，中国式现代化给出了科学回答。中国式现代化是人口规模巨大的现代化，在引领14亿多人口整体迈入现代化社会的进程中，科学回答了人口规模巨大的发展中国家如何实现现代化的问题。中国式现代化是全体人民共同富裕的现代化，在更好实现效率与公平相兼顾、相促进、相统一中，为解决现代化进程中效率与公平的关系问题提供了中国方案。中国式现代化是物

---

① 习近平.高举中国特色社会主义伟大旗帜 为全面建设社会主义现代化国家而团结奋斗：在中国共产党第二十次全国代表大会上的报告.北京：人民出版社，2022：20.

质文明和精神文明相协调的现代化，蕴含着正确处理物质与精神关系的中国智慧。中国式现代化是人与自然和谐共生的现代化，科学阐明和正确处理现代化进程中人与自然的关系问题。中国式现代化是走和平发展道路的现代化，在坚定维护世界和平与发展中谋求自身发展，又以自身发展更好维护世界和平与发展，摒弃了对外扩张掠夺的现代化老路，为人类对现代化道路的探索作出中国贡献。

（五）必须坚持系统观念

习近平指出："系统观念是具有基础性的思想和工作方法。"①推进中国式现代化是一个系统工程，需要统筹兼顾、系统谋划、整体推进，正确处理好顶层设计与实践探索、战略与策略、守正与创新、效率与公平、活力与秩序、自立自强与对外开放等一系列重大关系。

党的十八大以来，以习近平同志为核心的党中央坚持系统观念，在正确处理一系列重大关系中推动中国式现代化取得新进展新突破。正确处理顶层设计与实践探索的关系，以科学的顶层设计指引扎实的实践探索，以实践探索的丰富经验进一步完善顶层设计。正确处理战略与策略的关系，把战略的原则性和策略的灵活性有机结合起来，在因地制宜、因势而动、顺势

---

① 习近平.习近平谈治国理政：第4卷.北京：外文出版社，2022：117.

而为中把握战略主动。正确处理守正与创新的关系，在继承中发展、在守正中创新，在守正中把稳舵盘、保持航向，在创新中寻求突破、扬帆远航。正确处理效率与公平的关系，既把"蛋糕"做大做好，以效率支撑公平，又把"蛋糕"切实分好，以公平促进效率，更好实现效率与公平相兼顾、相促进、相统一。正确处理活力与秩序的关系，在激发活力中保持秩序，在保持秩序中激发活力，实现活而不乱、活跃有序。正确处理自立自强与对外开放的关系，在自主中谋求发展、在开放中坚持自主，在中国与世界各国良性互动、互利共赢中推进中国式现代化。

（六）必须坚持胸怀天下

习近平强调：中国式现代化"既基于自身国情、又借鉴各国经验，既传承历史文化、又融合现代文明，既造福中国人民、又促进世界共同发展，是我们强国建设、民族复兴的康庄大道，也是中国谋求人类进步、世界大同的必由之路"[①]。中国式现代化坚持胸怀天下，走和平发展的人间正道，为不稳定、不确定、不安全因素日益上升的世界增加了稳定性、确定性、安全性。

当今世界百年未有之大变局加速演进，在世界之变、时代

---

① 习近平.携手同行现代化之路：在中国共产党与世界政党高层对话会上的主旨讲话.北京：人民出版社，2023：5.

之变、历史之变中，各种不确定难预料因素明显增多，世界迫切需要更多更强大的确定性力量，为处于历史十字路口的人类社会现代化进程指明前进方向。中国式现代化坚定站在历史正确的一边、站在人类文明进步的一边，高举和平、发展、合作、共赢旗帜，奉行独立自主的和平外交政策，坚持走和平发展道路，推动共建"一带一路"高质量发展，推动建设开放型世界经济，推动落实全球发展倡议、全球安全倡议、全球文明倡议，积极参与全球治理体系改革和建设，推动构建人类命运共同体，努力增强现代化成果的普惠性，为推动世界现代化理论和实践发展作出新的重大贡献，为世界和平与发展贡献中国智慧和中国方案。

　　实践创新走到哪里，理论创新就跟进到哪里。在大力推进中国式现代化的实践创新进程中，我们还应当以"六个必须坚持"的世界观和方法论为指引，继续推进党的理论创新。

第六章

作为一种分析框架的世界观
和方法论

"六个必须坚持"的世界观和方法论，也可以作为一种分析框架，来分析中国式现代化、人类文明新形态和构建人类命运共同体。

一、作为中国式现代化的一种分析框架

（一）人民至上：中国式现代化的本体论意蕴及对人类社会发展进程的引领

在习近平新时代中国特色社会主义思想的世界观和方法论中，"六个必须坚持"可分为三个层次，即："人民至上＋自信自立"—"问题导向＋守正创新＋系统观念"—"胸怀天下"，其逻辑为"框架性（解释世界）—思维性（改变世界）—操作性（天下思维天下观）"。其中，人民至上，是一种观察世界的框架，本质上是一种世界观，具有本体论意蕴，体现为：人民是历史的创造者，劳动创造历史，以人民为中心。在中国式现代化进程中，人民创造历史必须牢牢把握以下两个条件：坚持党的领导和走社会主义道路；使资本在党的领导下和社会主义框架内有序发展。劳动创造历史的逻辑，既合规律性又合目的性，体现了中国式现代化的优势和潜在实力。可以预见，随着社会主义现代化强国的建成，中国式现代化将逐步引领世界发展，在全球格局中，西方现代化因其内在的反自然性和非道义性，将逐步走向终结。

在习近平新时代中国特色社会主义思想的世界观和方法论中，关于坚持人民至上主要有三个基本观点：（1）人民的创造性实践是理论创新的不竭源泉；（2）不为人民造福的理论都是没有生命力的；（3）站稳人民立场、把握人民愿望、尊重人民创造、集中人民智慧，形成理论，使之成为强大思想武器[①]。上述论断，直接看，体现为强调理论创新与人民的三个关键性关系：不竭源泉＋生命力＋思想武器。深入看，重点突出了实现人民至上的四个路径：站稳人民立场、把握人民愿望、尊重人民创造、集中人民智慧。可以说，不竭源泉＋生命力＋思想武器，站稳人民立场＋把握人民愿望＋尊重人民创造＋集中人民智慧，这些要件构成我们对"人民至上"进行深层次

---

① 习近平.高举中国特色社会主义伟大旗帜 为全面建设社会主义现代化国家而团结奋斗：在中国共产党第二十次全国代表大会上的报告.北京：人民出版社，2022：19.

分析的主要文本。

1. 人民至上：作为观察世界的一种框架，其本身具有本体论意蕴

一般来说，世界观就是"观"世界，是从根本性、本质性意义上去观察世界，集中体现为由以下三个核心要素构成的基本框架：谁去观（主体）、靠什么力量观（力量）、站在什么立场观（立场）。也就是说，一般世界观之框架可以通过三个关键词去理解，也就是主体、力量、立场。诚如中华优秀传统文化关于世界本相所论断"如是体、如是力、如是作"（《妙法莲华经》）一样，上述三者之间也体现了"体—力—作"这样的逐层推展之逻辑。

具体说，人民至上作为一种观察世界的框架，其主体是人民；其依靠力量是人民自己；其根本立场是站在人民的角度，设身处地为人民着想。概言之，作为世界观的人民至上，其基本含义是：人民是主体，人民创造历史，设身处地为人民着想。这是我们分析人民至上本体论含义的基本框架。在此框架下，我们对本体论概念进行语言学分析。

从结构上看，本体论即关于本体的基本观点，核心是本体二字。何谓本体？顾名思义，本体＝本源＋实体，意即在归根究底意义上存在一个实体，该实体具有本源性，所有后续发展都是由此实体生发出来的，都是这个实体的衍生物。换言之，作为本体之"物"，它应具有两个规定性：一是在存在论

意义上，本体是母体，后续所有存在都是其产物，内含"母与子"之关系；二是在生成论意义上，本体是起始点，后续所有发展都是其具体展开，都是支流扩展，内含"源远流长"之意蕴。基于此，人民至上概念在本体论意义上的深层含义可以这样概括：

从共时态上看，在全球舞台上，世界发展有多个主体，中华民族作为世界大家庭的一员，其所选择的发展主体是人民。体现为中华民族对"人民是历史的创造者"这一马克思主义基本原理的高度认同和对中华优秀传统文化中"民为邦本"之理念的理性坚守。

从历时态上看，人民概念的提出，来自马克思主义对人类社会发展规律的深刻认知，秉持这一认知，人民需求及其创造性实践被中国共产党人选择为发展的起始点。可概括为，劳动创造历史，劳动者改变世界。

综合上述两点，可以看出，中国共产党以马克思主义为指导，坚持以人民为主体，坚持把人民需求及其创造性实践作为发展的起始点，强调劳动创造历史，体现了对历史唯物主义关于劳动、人类解放、自由人联合体等人的发展理论的高度关注和不懈追求，对中华优秀传统文化的理性坚守。因为本体论逻辑对未来的发展和演进具有根源性、母体性作用，它将决定和影响未来中国历史的大走向，因此在这个意义上来说，人民至上的提出，无疑是在预示着，随着现代化强国的实现，中华民族将开启一个既不同于现有西方文明，同时又具有自身传统文

化底色的现代人类文明新形态。可以说，中国式现代化的推进
和拓展，就是这一趋势的开启。

在此基础上，我们来研究人民至上与中国式现代化的
关系。

2. 人民是历史的创造者：中国式现代化的国家主导性和劳动的"创造"逻辑

横向看，当今时代，全球发展都处在人类历史发展"自然
经济历史阶段—商品经济历史阶段—产品经济历史阶段"之序
列中的第二个环节。商品经济历史阶段是全球各国发展的共同
历史语境。同样，研究中国问题也离不开这一宏大语境。

马克思主义认为，人民是历史的创造者，这一原理内含如
下逻辑：在自然经济历史阶段，劳动者创造了物质财富和精神
财富，主要体现为在与大自然交换中改造大自然的劳动成果，
核心是农业产品；在商品经济历史阶段，劳动者通过工业化
大生产，创造了商品及相应的精神产品，其本质是商品；在未
来的产品经济历史阶段，劳动因为不再是谋生手段而成为第一
需要，社会按需分配，劳动者所创造的财富主要体现为劳动产
品，其本质是产品，即所有的劳动成果都是直接用于消费和分
享，而不是用来交换。要言之，上述逻辑的核心脉络是，劳动
者的劳动及所创造的财富，在不同历史阶段分别呈现出不同的
形态：基于劳动是生存手段的农业生产，体现为劳动成果；基
于劳动是谋生手段的工业生产，体现为商品；基于劳动成为第

一需要的社会化生产，体现为劳动产品。可以说，这是从历时性角度对人类发展的总体性观察。在此背景下，我们聚焦到当今时代，着重分析基于作为谋生手段的劳动及商品生产的具体内容。马克思对商品经济的分析是从商品开始的。马克思的基本结论是，商品是该阶段社会的基本细胞，在逻辑上，商品背后的人分化为两类，一类是有产者，一类是无产者，在私有制前提下，商品的分配具有内在矛盾性，劳动者所创造的财富被剥削，资本家是剥削者，二者之间是根本性对立的，阶级斗争成为社会发展的直接动力。可以说，上述逻辑为我们观察和分析中国发展提供了深刻的思路指导。在此基础上，我们来从现代化的一般和特殊两个层面剖析中国式现代化问题。

首先，在现代化的一般性上，中国式现代化根源于人类历史进程中从自然经济历史阶段向商品经济历史阶段转型过程，具有全球现代化的一般规定性。马克思主义认为，从交换的逻辑看，最初，人类社会生产力水平低下，只能通过与大自然交换才能填饱肚子，由此产生第一个具有主导性的经济形态即农业生产，并由此形成传统农业社会结构；随着生产力的发展，劳动产品有了剩余，人们的需求升级，在填饱肚子的基础上开始用剩余产品进行交换，由此产生商品交换，社会进入基于产品直接用来交换的商品经济历史阶段，由此，基于工业化生产的现代工业社会开始形成并获得长足发展。一般意义上，人们把上述"农业主导→工业主导，传统社会→现代社会，农民为主体→市民为主体"的社会结构演化过程称为现代化进程。应该说，这是人类社会现代化的一般规定性或者核心内容所在。同样，对于中国而言，新中国成立后，中国共产党领导全国人民开始工业化过程，逐步实现了从传统农业国向现代工业国的转变，这意味着，中国的现代化正式开始了。也同样可以看到，就中国而言，中国的现代化开启，在遵循一般现代化"农业主导→工业主导"的规律的同时，也体现出了中国的特殊性，即与西方那种自下而上的方式相比，中国现代化的开启是自上而下的模式，即中国是通过国家主导的模式开启现代化进程的。深入看，选择该模式具有历史必然性。因为新中国成立开启的是人民当家作主的社会主义模式，体现的是以人民为主体的国家道路选择。在这个意义上，中国式现代化伊始，就启动了人民至上的实践程序。

其次，就现代的特殊性来看，中国式现代化立足于中国国情，它破除资本主义私有制这一全球一般现代化的前提，将无产者推上历史主体地位，使其成为国家的主人，中国式现代化是基于劳动者为主体的现代化。这是中国式现代化的核心特征所在。如上所述，中国式现代化从其开启之日，就按照人民至上的程序在运行，这也是中国式现代化具有中国特殊性的起点所在。历史唯物主义认为，在商品经济历史阶段，商品背后的人才是社会发展的核心要素。马克思在《资本论》中提出，商品交换的内在逻辑很清晰，那就是：在商品交换中，人活着必须通过交换，而人一旦开始商品交换，就必然被分化为两个类型：只有体力或脑力（可称之为有身内之物，标识是劳动者或无产者），有生产资料（可称之为有身外之物，标识是资产者）。从逻辑上看，这种分化具有根本对立性，主要体现为五个方面。第一，有身外之物的，就优先交换身外之物，强调资本优先；没有身外之物的，就只能交换体力或脑力，强调劳动优先。第二，资本的逻辑是占有，即有钱能使鬼推磨；劳动的逻辑是创造，即劳动创造世界。第三，上述两类逻辑分别演化为不同的社会发展路径，资产者逐渐演化为资产阶级，劳动者逐步演化为无产阶级。第四，两大阶级因为"占有"与"创造"逻辑的不同质性，在实践上形成利益的根本对立，体现为剥削与反剥削的阶级对立与阶级斗争。第五，在实践上，支撑资本对劳动具有现实性优势的是生产资料私有制和资产阶级专政，即因为资产阶级控制着国家政权，通过国家机器保证私有制，所以资本的占有才是现实的，资本的力量才是强大的。这意味着，无产阶级要实现自己的阶级意志，主导劳动的"创造"之逻辑，为人类进步扫清障碍，就必须通过无产阶级专政，建立公有制，走科学社会主义道路。

综合上述五个方面，可以这样判断：在中国式现代化进程中，人民要创造历史必须确保以下两个条件：第一个条件是，通过中国共产党的领导，牢牢掌握国家政权，防止资本无序扩张，防止资本野蛮生长，规范和引导资本健康发展，这是保证资本无法实现对劳动暴力占有的根本性前置条件。在这个意义上，人民至上的核心是党的领导和走社会主义道路。第二个条件是，在人民当家作主的基础上，在中国共产党执政条件下，辩证处理资本与劳动的关系,坚持"毫不动摇巩固和发展公有制经济,毫不动摇鼓励、支持、引导非公有制经济发展"①。

总之,关于人民是历史的创造者与中国式现代化的关系问题,我们认为,作为人民至上的本体论意蕴的第一层含义,人民是历史的创造者集中体现为两个方面:一方面是,人民当家作主,国家主导现代化进程,中国式现代化的开启是一种自上而下的国家主导型模式;另一方面是,相对于资本的"占有"之逻辑,劳动的逻辑是"创造",体现为劳动创造历史,它与资本的逻辑是一种根本对立的异质性关系,在人民当家作主的基础上,国家要规范资本有序发展。

3.劳动创造历史:中国式现代化的崛起与西方现代化的退场

长远看,中国式现代化与西方现代化比较,劳动的逻辑与资本的逻辑具有根本性区别,前者更符合人类发展大势,后者日显发展的局限性。基于此,中国式现代化的崛起和西方现代化的退场是一种历史必然,虽然,在实践上这需要一定时间,但天道法则,因果铁律,这是未来发展的主要方面。何以如此?源于劳动逻辑和资本逻辑各自的本性。

从逻辑上说,中国式现代化归属于劳动的逻辑,即中国式现代化强调通过劳动创造历史,倡导共同发展理念,具有道义凝聚力;西方现代化归属于资本的逻辑,即西方现代化强调通

---

① 习近平.习近平著作选读:第1卷.北京:人民出版社,2023:24.

过资本占有发展自身，宣扬社会达尔文主义，具有反人类公义性。二者如何发展，取决于各自的逻辑生命力。

就资本逻辑来说，西方现代化的性质是占有，现实的支撑条件是私有制，运行的前提是掌握国家政权。就其逻辑的生命力来看，其占有的本质是暴力掠夺、强权政治，其生存和得以延续的前提是时刻保持强大实力，持久拥有一定程度的综合国力。这意味着，在未来的发展中，西方现代化能否持续，主要看西方国家能否保持住强大的国家实力和一定的综合国力。就当今世界现状而言，这需要在全球格局中，保持住其在世界中央的位置。一般来说，是否能保持住该位置，取决于两个因素：外部力量的变化和内部力量的消长。

就劳动的逻辑来说，其性质是创造，即通过劳动创造历史，它符合天道法则、自然规律，强调的是国家发展的自立自强。中华优秀传统文化强调"天行健，君子以自强不息"。劳动创造历史本质上是这一理念的现代体现。可见，从规律上说，劳动的逻辑合乎规律性。从道义上说，劳动创造历史进而实现共同发展，同时又合乎目的性。由此，合规律性与合目的性是相统一的，可以讲，这是中国式现代化的优势所在。在这个意义上，西方现代化，因为占有，违背人类公义，不合目的性；因为私有制本质上是部分所有，违背社会发展天下大公之大道，不合规律性。中国式现代化与西方现代化两相比较，实际上在逻辑的层面早已优劣立现、前景既定了。一言以蔽之，从人类发展长河的大尺度看，西方现代化因其内在逻辑的反规律性和反道义性，最终只不过是人类历史发展进程中的一个不良片段、一个低级试错、一段恶意歧途；中国式现代化因其内在逻辑的合规律性与合道义性，才是经得起历史检验的科学之举、正道之选。

在实践上，逻辑的展开需要现实条件的支撑，西方现代化的内在缺陷，预示了其必然退场的走向。但是，中国式现代化的出场同样需要现实条件的支撑才可以具有直接现实性。如上所述，中国式现代化何时出场，也同样取决于两个条件：外部力量的变化和内部力量的消长。就现状而言，当今时代，东升西降是大走向，西强东弱是现实态，此时此刻，中国正站在一个新的历史起点上。中国式现代化，因其人民至上的世界观，因其对人民创造历史的正道执守，因其劳动创造历史的现代化逻辑自觉而优势凸显。可以预见，基于这些基础，随着现代化强国的建成，随着中华民族的伟大复兴，随着中华民族日益走近世界舞台中央，中国式现代化必将主导全球现代化进程，西方现代化也必将退场。

总之，关于劳动创造历史与中国式现代化的关系问题，我们认为，作为人民至上本体论意蕴的第二层含义，就是劳动创造历史，既要合规律性又要合目的性，它体现了中国式现代化的优势。可以预见，随着现代化强国的建成，中国式现代化将逐步引领世界发展，在全球格局中，西方现代化因其内在的反自然性和非道义性，必将逐步退场。

（二）自信自立：中国式现代化的主体性内涵及对人类文明新形态的开创

在习近平新时代中国特色社会主义思想的世界观和方法论中，有三个层次要素："人民至上＋自信自立"——"问题导向＋守正创新＋系统观念"——"胸怀天下"，其逻辑为"框架性（解释世界）—思维性（改变世界）—操作性（天下思维天下观）"。其中，自信自立，是一种观察世界的框架，本质上是一种世界观，具有主体性内涵。其实质就是要在实现目标的历史进程中，以客观规律为根据，以人民为主体，努力实现合规律性与合目的性的有机统一。以此为视角观察中国式现代化，植根于中华优秀传统文化土壤、立足于科学社会主义实践中的中国式现代化具有鲜明的主体性特征。在全球现代化格局中，西方现代化具有历史的短暂性，随着商品经济的消失而终结；中国式现代化具有恒久性，随着劳动从"谋生手段"向"第一需要"的质变而走向人类现代化的最高形态——人的自由全面发展和世界自由人联合体的有机统一。本质上，这是未来世界大同之人类文明新形态。在这个意义上，中国式现代化在其宏远性历史指向上，意味着将在理论和实践上开启一个人类逐步走向天下大同的新历史进程。

在习近平新时代中国特色社会主义思想的世界观和方法论中，关于坚持自信自立主要有三个基本观点：（1）没有教科书，更没有现成答案；（2）中国的问题必须从中国基本国情出发，由中国人自己来解答；（3）既不能刻舟求剑、封闭僵化，也不能照抄照搬、食洋不化^①。上述论断，从逻辑上看，强调的是"中国的问题必须从中国基本国情出发，由中国人自己来解答"，即中国发展的力量来源问题。从深层次看，在这一力量来源中，自信是前提，因为照抄照搬不行，没有现成答案可用，封闭僵化不行，不能停留在已知水平，只能面向未知，开辟新知；自立是核心，因为没有现成答案，属于自己时代的问题只能自己解答。要言之，自信自立就是要在实现目标的历史进程中，面向未知，以客观规律为根据，以人民为主体，努力实现合规律性与合目的性的有机统一，在世界观意义上，这实际上是一个主体性问题。

1. 自信自立：作为一种世界观，体现的是主体性内涵

主体性概念的语义结构是：主体性＝主体＋规定性，意即关于主体的内在规定性。从日常生活经验的角度看，关于主体的内在规定性有很多，但其核心是能动性，即主体之所以不同于客体对象，归根究底在于主体具有能动性、自觉性，主体能主动改造客体。在这个意义上，主体性的基本内涵有二：（1）主体的自觉存在，即主体能够自觉意识到自身存在及要做什么，目的性强；（2）主体的能动作为，即主体能够主动行

---

① 习近平.高举中国特色社会主义伟大旗帜 为全面建设社会主义现代化国家而团结奋斗：在中国共产党第二十次全国代表大会上的报告.北京：人民出版社，2022：19.

动，努力实现既定目标，行动性强。分析上述内涵，可以看到，主体性内涵之规定有这样三个特征：一是对"自我"存在之高度自觉，即强调"自己做主"；二是目的性强，对要干什么信念执着，对要干成什么信心十足，即强调"信力强大"；三是行动有力，不达目标不罢休，即强调"立得起来"。深入分析，上述三个特征中，自己做主、信力强大，可概括为自信；自己做主、立得起来，可概括为自立。由此，从当代话语来考虑，主体性内涵一定意义上可以用"自信自立"来表述。具体说，所谓自信，就是自己相信自己的目标一定能够实现，其依据来源于主体对规律的必然性的认知和把握，遵照必然性就意味着会一定、确定不移地成功。所谓自立，就是通过自身努力解决新问题、创建新世界，其底气来源于对合规律性和合目的性的辩证运用，即掌握规律是前提，良法善治是根本。以此为视角观察中国式现代化，可以看到，它植根于中华文化土壤，立足于科学社会主义实践，具有鲜明的主体性特征。由此，我们可以从比较的视角，从中西现代化对比中分析中国式现代化的特质及其对人类文明发展的深层意义。

2. 从比较中看中国式现代化之新：西方现代化的局限与中国式现代化的本质性突破

在全球现代化话语中，西方现代化和中国式现代化具有明显不同。比较两种现代化话语，可以从其生成根基着手。从生成根基看，西方现代化发端于西方文化，在发展中形成"主客二分"的思维特征；中国式现代化植根于中华优秀传统文化，在生成过程中深深嵌入了中华文化的"天人合一"理念，在中西文化碰撞中深度融合了马克思主义的"主客统一"的哲学思维，并在实践的探索中逐步形成一种"主主平等"的思维理路和价值取向。一般说，西方现代化的"主客二分"，其底层架构是"主统治客"，强调主体对对象的支配、征服、改造。中国式现代化的"天人合一""主客统一"，其底层架构是"主体际"，强调主主平等共享，强调主体活动的修身、齐家、治国、平天下不同梯次之间的本质同构。根基的不同，决定了两种现代化实践及其历史命运不同。

应当肯定，西方现代化极大促进了地方历史转变为世界历史，推进了人类文明的发展。《共产党宣言》中强调："资产阶级在它的不到一百年的阶级统治中所创造的生产力，比过去一切世代创造的全部生产力还要多，还要大。"①但是也不可否认，基于"主客二分"的西方现代化，因其强调"主统治客"的思维方式，又具有很大的局限性，主要体现在支撑其理论体系的"西方中心论"在逻辑上不可持续。

一般认为，"西方中心论"是伴随近代西方工业化而提出的一个概念，其理论体系和话语体系的逻辑起点是西方现代化，其建构逻辑包括若干环节，其中核心环节有三。这三个核心环节的主要内容是：（1）把"西方现代化道路"解释成

---

① 马克思，恩格斯. 马克思恩格斯选集：第1卷.3版.北京：人民出版社，2012：405.

"世界现代化的唯一道路"，强调后发现代化国家须完全遵循西方设定的"现代化道路"；（2）把世界二分，划为西方世界和非西方世界，认为西方世界的民族是"主"，非西方世界的民族是"客"，主必须统治客；（3）西方文明是世界最先进的文明，西方世界需要行使上帝旨意的"文明开化使命"。可以看到，上述建构内含了这样的思路：先发性＝唯一性，二分世界＝主统治客，先进性＝统治合法性。而在逻辑上，先发性不一定就是唯一性，主客二分也不一定就是主统治客，先进性更不必然就意味着统治的合法性。也就是说，"西方中心论"的逻辑是存在问题的，其自洽性不足。进一步讲，上述核心架构实际上体现的是这样的思维：把先发性当作了唯一性，把主客二分单一化为主统治客，把先进性简单化为统治合法性。无论是"当作了"，还是"单一化为"，抑或是"简单化为"，归根究底都是主观的一厢情愿，缺乏客观必然性支撑，没有逻辑的可持续性。

　　当然，这里需要说明的是，在实践上西方现代化之所以具有现实的力量，不是因为其完全具有合规律性，而主要是因为资产阶级掌握了国家机器，通过国家暴力（资产阶级专政）实现了自身的阶级诉求。但是，经验表明，任何一种事物，如果在逻辑上存在不足，如果主要依靠暴力维系，那么其未来必定难以为继。不难预见，西方现代化将随着其现实困境的加剧，在实践上逐步退场。

　　相反，与西方现代化强调基于"主统治客"的"西方中心论"不同，中国式现代化立足于科学社会主义的实践，秉持"天人合一"和"主客统一"的思维理念，积极主张"主主平等"价值取向。可以说，这种从底层思维、哲学高度上的对西方现代化的破和立，这种在价值观上的对"主统治客"和"西方中心论"的批判，这种对"主主平等"现代化价值观新话语的自觉构建，是形成两种现代化本质性分野的决定性因素。在这个意义上，作为一种新文明形态的中国式现代化之新，我们以为，首先源于它对西方现代化的历史局限性有了本质性突破，集中表现为它打破了西方现代化的困局，开辟了一种基于中华优秀传统文化和马克思主义相融合的人类现代化新局面。可以讲，在全球现代化格局中，这意味着一种崭新的现代化话语产生了。有理由相信，随着中国的发展，它必将对人类文明发展产生重大影响。

3. 从价值观主张看中国式现代化之新：从"主主平等发展"到"主主平等普惠"

基于科学社会主义的理论探索和实践变革，马克思对人类历史发展进程进行了深刻的哲学思考，并在此基础上提出了马克思主义关于人的发展和社会发展三形态说。从深层次看，这一学说立足人类生产实践的进步，围绕"生产力—交换方式—人的发展形态—社会发展阶段"这一主要框架，聚焦"人与自然的交换—人与人的交换—人与社会的直接交换"这一核心脉络，揭示了人类历史从传统走向现代，从现代走向未来的基本规律和总体走向。应该说，这是马克思主义关于人类现代化进程的深层次、系统化、究竟性之思考，是我们今天深入研究中国式现代化的方法论指导。

具体说，在对人的发展形态和人类历史发展阶段考察的基础上，马克思指出："人的依赖关系（起初完全是自然发生的），是最初的社会形式，在这种形式下，人的生产能力只是在狭小的范围内和孤立的地点上发展着。以物的依赖性为基础的人的独立性，是第二大形式，在这种形式下，才形成普遍的社会物质变换、全面的关系、多方面的需要以及全面的能力的体系。建立在个人全面发展和他们共同的、社会的生产能力成为从属于他们的社会财富这一基础上的自由个性，是第三个阶段。"[①] 分析这一文本发现，在马克思那里，人的发展被概括为三种历史形态：基于自然经济历史阶段的"人的依赖"—基于商品经济历史阶段的物的依赖基础上的"人的独立性"—基于未来产品经济历史阶段的"自由个性"，体现出"人的依赖—人的独立性—自由个性"发展链条。从理论上说，现代化的本质是人的现代化，是人的发展之进程。在这个意义上，上述"人的依赖—人的独立性—自由个性"发展链条，对我们深入分析当今世界现代化的演进特别是中国式现代化的特质是一种深刻而又权威的学理依据。下面我们针对本文论题着重分析后两个环节，并在此基础上概括马克思主义关于现代化的价值观

---

① 马克思，恩格斯.马克思恩格斯全集：第30卷.2版.北京：人民出版社，1995：107-108.

话语特征。

首先，关于人的独立性。人的独立性的形成源于商品生产，即人通过大规模的工业化生产和商品贸易，一定程度上摆脱了人对自然的依赖。在这种背景下，人的生活一定程度上不再受自然条件的限制，人的活动空间增大，人的可选择项增多，人的自主性增强。这意味着，随着商品交换的日益扩展，人作为活生生的个体，其独立自主成为现实。但是，在该阶段，人类生产力水平的总前提是"劳动是谋生手段"，即人要活着，就不得不劳动。之所以如此，源于在这一阶段，人类的劳动产品虽然剩余，但剩余的量是有限的，只能达到可以用来与他人相交换的程度，还远远达不到想要什么就能直接索取什么的地步（按需分配）。基于这种生产力的总体性限制，人的生产活动具有两种历史局限性。一种是商品生产对人的"二元分化"，即在商品生产开始前，生产资料因为生产力水平有限，只能是社会部分占有（私有制），由此作为个体的人在进入市场交换前就在事实上分化成两类群体——拥有生产资料的和没有生产资料的，前者演化为资产阶级，后者演化为无产阶级。另一种是生产资料私有对分配过程的"二元分化"，即在商品生产开始后，分配环节呈现出剥削和被剥削两种根本对立局面，也就是资本家因占有生产资料而拥有对产品分配的主导权和支配性，从而在现实中无偿占有剩余价值，工人只能获得自身劳动力价值（工资）。上述两个"二元分化"，在商品交换中又逐渐衍生出资本的和劳动的两种演进逻辑。

　　具体说，在商品交换实践中，资产者除了有劳动力（体力和脑力）资源，还有因占有生产资料而产生的对商品分配的支配性；而无产者，因为不占有生产资料，在生产中只拥有劳动力这唯一的资源。从性质上看，生产资料是"身外之物"，具有外部性；劳动力是"身内之物"，具有内源性。因为这种差异，人的独立性就演化为如下现实情形：在交换中，资产者自然地优先用"身外之物"进行交换，无产者只能用"身内之物"进行交换，由此商品交换衍生出"资本至上"和"劳动至上"两种不同的价值观取向及其话语体系。在这里，人的独立性在哲学层面有三层含义：（1）人创造出商品但同时又反过来受制于商品及其交换，人的发展呈现出对物的依赖（主要体现为劳动是谋生的手段，不劳动人就不能生活）；（2）人的全面发展具有了可能，即随着交换需求的扩大和交换的普遍化，基于需求驱动的人的能力也随之跟进，需求越大，能力跟进就越复杂，人的全面发展具有了可能性和一定的现实性；（3）一定意义的自由，即在交换中人可以自由选择与谁进行交换、不与谁进行交换（当然因生产力的限制，人们无法选择不交换），人的发展的自由之向度开始在现实中凸显。可以说，这是人的现代化在商品经济历史阶段的基本展示、核心框架。从逻辑上说，如果生产力进一步发展，那么，劳动是"谋生的手段"这一生产力水平就要不断进行量的积累，在完成必要的量变积累后，下一步必然是走向劳动成为"第一需要"的质变，基于这一质变的人的发展体现为"自由个性"阶段的到来。

其次，关于人的"自由个性"。应该说，立足当下去看，人的发展到了这一阶段（自由个性）属于未来时，是一种还未发生的事情。在这个意义上，以下分析本质上都是一种逻辑推演。具体说，在该阶段，生产力高度发达，社会物质财富极大丰富，人们想要什么就有什么，社会进入"按需分配"阶段。届时，因为人们想要什么就有什么，社会按需分配，人与人之间进行商品交换的需求也就自然消失，需求消失，商品经济也消失，商品经济消失则劳动是"谋生手段"的根源也消失（个体不进行商品交换也能生活，商品交换已无必要），劳动作为谋生手段的根源消失，劳动成为"第一需要"，人的活动只受客观必然性支配。在此基础上，基于合规律性的个体自由将成为现实，基于自由个性的人的全面发展也成为现实。在这个意义上，自由个性内涵可概括为三个基本点：（1）劳动成为第一需要，不劳动则不自由；（2）人的活动只受客观必然性限制，基于合规律性的自由普遍化并成为个体的生活常态；（3）人的自由全面发展成为日常生活状态，基于自由个性的自由人联合体成为社会组织形态，国家消亡，阶级不复存在。可以说，上述逻辑推演就是人的现代化在劳动成为"第一需要"阶段时的总体性图景、核心性框架。

综合上述对人的独立性和自由个性的分析，不难看到，马克思对人类社会发展的思考，始终围绕的是"历史主体"（人的发展）这一要素，始终坚持的是基于主客统一的"主体际"（人与人之间、人与自然之间、人与社会之间）这一分析框架，始终指向的是生产力发展（生存性劳动、谋生手段、第一需要）这一向度。可以说，马克思对人类社会发展的哲学分析具有这样的特征：立足点是"主体"，分析框架是"主体际"，强调的是"主体性"，一以贯之的是"生产力发展"这一主线。换言之，上述特征呈现出这样的逻辑关联：着眼"主主之间"——强调主主之间的"历史的平等性"——以贯之"发展"之主线，即体现为一种"主主平等发展"之分析框架。可以说，这种分析框架超越了西方传统的"主客二分"及其"主统治客"简单化、抽象式的思维模式，与中华优秀传统文化中的"天人合一"思维具有一定程度的契合性（如强调人与人、人与社会、人与自然之关系，其中的"人—社会—自然"不同主体之间具有逐层扩展之意，与"天人合一"理念中的"梯次同构"思维极为相似）。从比较意义上看，这种对"主主之间"的范式的高度自觉和对"主客二分"的扬弃，以及对"主统治客"的批判，实质上蕴含了对"主主之间"不是"二分"、不是"统治"之关系的价值观伸张。应该说，这就是中国式现代化的价值观之根基、之源头，本质上归属于科学社会主义的价值观范畴。完全可以这样讲，一定意义上，上述分析就是对中国式现代化的价值观话语之溯源，此源可谓"源远"。而"源远"则必"流长"。作为立足于科学社会主义实践的中国式现代化，其在新时代又应该有什么样的价值观话语，这是一个"源远"必"流长"之逻辑必然要关注的问题。

　　从源头上讲，中国式现代化的价值观话语首先应归属于马克思主义的"主主平等发展"范畴，这是马克思主义与时俱进的题中应有之义。从当下实践看，中国式现代化实践除了具有人类历史发展的一般性内涵之外，更具有中国发展的特殊指称。这意味着，推进中国式现代化需要在发展的一般性中向中国发展特质聚焦，这就需要从历时性角度分析中国发展的历史逻辑，从共时性角度分析中国发展的现实逻辑。从未来发展趋势看，中国式现代化将在人类历史长河中产生什么样的历史影响，将如何改变人类历史进程，也需要在这一新价值观话语中予以揭示。也就是说，新价值观话语要进一步阐释和标识出中国式现代化的未来走向及其必然性。基于此，关于中国式现代化的价值观话语应该有什么样的内容，我们认为，至少应把握两个基本点：一是主体际性，要与马克思主义一脉相承，既突出主体和主体之间的平等性，又强调主主之间的"和而不同"，扬弃"主客二分"之思维；二是普惠性，要与时俱进，在遵循发展合规律性基础上更注重发展的合目的性，指向并凸显共享发展、共同富裕发展、和谐共生发展、合作共赢发展等几个向度。一言以蔽之，可以把新时代的中国式现代化价值观话语提炼概括为"主主平等普惠"，这样既体现了与马克思主义的"主主平等发展"话语范式一脉相承，又体现了对当今时代的"普惠"需求的积极回应。

总之，关于中国式现代化的价值观话语，可以在马克思主义"主主平等发展"基础上进一步提炼概括为"主主平等普惠"，这是中国式现代化作为新文明形态之新的第二个方面，目的是回应 21 世纪科学社会主义的新的实践要求、新的时代诉求。这一话语，其基本内涵可以这样界定：（1）它摒弃主统治客的"主客二分"思维方式；（2）立足基点是"多种"（多样）要素构成的有机系统，反对基于"一元"的对立；（3）把系统各要素都看作主体，而非有的是主体、有的却是客体；（4）强调各要素作为主体都是平等的"主体"，主体之间是平等关系，具有"平等性"；（5）注重主体际所具有的"普惠"性，即共享发展、共同富裕、和谐共生、合作共赢；（6）"主主平等普惠"蕴含"利他为善""化人为善""自我完善""善治普惠"的时代精神。在一定意义上，该话语概括是对科学社会主义先进性的集中凝练。

4. 中国式现代化开创人类文明新形态的本质：科学社会主义的使命和世界大同之谋

从深层次看，中国式现代化成长于科学社会主义的实践进程，科学社会主义是大力推进中国式现代化的坚实基础和不竭源泉。在这个意义上，中国式现代化开创人类文明新形态的内涵更主要的是指向 21 世纪科学社会主义的使命任务。在 21 世纪及更长远的未来，科学社会主义承担什么样的时代使命和历史重任，将决定中国式现代化对人类文明有什么样的新贡献和新担当。

当今时代，其核心进程是人类实现现代化。而在全球范围内，现代化运动起始于西方，一个时期内，"西方化"几乎就是"现代化"。进入 21 世纪，随着"中国奇迹"效应外溢，中国式现代化逐渐成为全球现代化格局中的一个新方向、一种新图景。从纵向看，两种现代化有时间上的先后之分，存在资本主义和社会主义两种意识形态的根本区别，具有异质性。从横向看，二者共生于人类社会发展链条的"自然经济—商品经济—产品经济"中的第二个阶段，内生于商品交换逻辑，在演进中形成"资本至上"和"劳动至上"两种不同的实践路径和话语体系。西方现代化强调"资本至上"，对外进行战争、殖民、掠夺，对内实行剥削、压迫、强权政治。中国式现代化坚持"劳动至上"，以人民为中心，胸怀天下，为世界谋大同。二者之间也主要是异质性。如何看待这种异质性及二者在历史演进中的内在关系？福山认为，这预示着中国道路对西方模式开始了替代性挑战，更多的是强调替代性和对立性。应该说，这有一定的合理性。但是，深入看，这依然只是在表述一种现象。透过现象看本质，如何理解中国式现代化对西方现代化替代的历史必然性及进一步演变的逻辑，才是问题所在。

如上所述，马克思主义对人类社会发展的三形态说揭示了这样的规律，即在根本意义上，人类现代化演进的内在驱动是人类劳动水平和性质的革命性变化（劳动即生存—劳动是谋生手段—劳动成为第一需要），不同阶段的劳动决定了人类现代化所依存的历史语境的不同。具体内容是，在人与自然交换阶段，劳动就是生存本身，不劳动人就活不下去，劳动是人活着的前提和条件，这是前现代化历史语境。在人与人交换的阶段，劳动是谋生手段，不劳动人就无法生活，这是现代化所依存的历史语境。在人与社会直接交换的阶段，劳动是第一需要，不劳动人就不自由，劳动就是自由全面发展本身，这是人类实现了现代化后的历史语境。在这个意义上，考察当今时代中西现代化，其当代历史语境是"劳动是谋生手段"，其未来战略指向（后现代化语境）是"劳动成为第一需要"。

就当代历史语境来看，劳动是谋生手段，其核心内涵有二：（1）体力脑力是商品（劳动力成为商品）；（2）劳动力与资本的交换是商品交换的底层架构。基于这一内涵，劳动力和资本在现实的商品交换过程中各自生成相应的特质。其中，劳动力是生理性的，本质上是体力和脑力，只要个体存在，劳动力就存在，因此它伴随人类历史发展的始终，具有发展的恒久性。而资本是外赋性的，它源于生产资料的部分占有（私有制），依赖于资本所有者（资产阶级）通过国家机器实现对这种外部占有的暴力保障。在逻辑上，这意味着一旦国家机器易主，资本也就失去存在的根基和对现实的支配力。就此而言，资本具有历史的可易性和短暂性，其存在的前提是资产阶级专政。具体到现实中，资产阶级专政在，则西方现代化在；资产阶级专政消失，则西方现代化消失。用发展的眼光来看，一方面，如前所述，资本的逻辑植根于"主客二分"的哲学思维，奉行"西方中心论"价值观，二者都具有逻辑上的局限性，这意味着西方现代化具有先天的合理性不足之痼疾。另一方面，资本依存于商品交换，在人类发展的历史长河中，商品交换因生产力水平的不足而产生，也将随着生产力水平的提升（到达物质极大丰富，社会按需分配时）而消失，这意味着，在逻辑必然性上，商品消失之日也即资本消失之时。要言之，西方现代化除了具有先天的合理性不足之局限，还具有历史的短暂性、可易性之短板。

相反，与西方现代化相比，中国式现代化则具有历史的优越性。一方面，它是基于劳动逻辑的现代化，体力和脑力在商品经济消失后依然存在，消失的只是其商品属性（交换性），因此，在商品经济历史阶段完结，人类历史走向产品经济历史阶段之时，劳动的逻辑依然存在。劳动至上的理念在劳动从"谋生手段"质变为"第一需要"的同时，直接转化为人的自由全面发展本身。也就是说，在未来产品经济历史阶段，"劳动至上"直接就等同于"劳动是第一需要"。另一方面，基于科学社会主义实践的中国式现代化，将随着科学社会主义从初级阶段向更高阶段的升级而同步升级。也就是说，在理论上，科学社会主义在"劳动是谋生手段"时，其历史使命是建成社会主义现代化强国，实现中华民族伟大复兴，中国式现代化是其基本路径；在"劳动成为第一需要"时，国家消亡，社会成为自由人联合体，科学社会主义的历史使命是为世界谋大同、为人类建设共产主义。可以预见，届时，中国式现代化与人类现代化融为一体，世界大同，天下文明。在这个意义上，中国式现代化将依照其内在的"建成强国—实现复兴—为世界谋大同—为人类建设共产主义"之逻辑而逐步展开。

从未来战略指向来看，如果要用更加宏大的历史尺度去观察，那么，分析全球现代化进程则需要统筹考虑两个大的历史阶段（"劳动是谋生手段"和"劳动成为第一需要"），需要统筹分析人类发展两个进程（人的独立性—自由个性）。在劳动是谋生手段的阶段，如上文所分析，西方现代化具有历史的局限性，中国式现代化具有历史的优越性，二者相互影响，使全球现代化格局演变呈现出"资本逻辑日渐式微—劳动逻辑逐步上升—全球现代化东升西降"的基本走向。可以说，这是一个完全可以预见的趋势。在劳动成为第一需要的历史阶段，西方现代化因为商品交换的消失而走向终结，退出历史舞台；中国式现代化因为产品经济的到来而成为全球发展的主导力量，因为西方现代化的退场而成为全球现代化的唯一力量。在此基础上，中国式现代化逐渐升级为人类现代化，科学社会主义实践逐渐升级为建设共产主义伟大实践。从逻辑推演的角度去看，届时，基于劳动成为第一需要，人的自由全面发展成为现实；基于自由个性时代的到来，自由人联合体成为社会组织的主形态；基于自由人联合体的普遍化，世界大同成为全球发展新景象；基于马克思主义人类解放和中华文化天下思维天下观的高度融合，天下文明之话语成为人类文明的主话语；基于"主主平等普惠"价值观主张的普适化实践，中国式现代化完成其历史使命，升华融合为人类现代化。在这个意义上，中国式现代化在其深远历史指向上，意味着将在理论和实践上开启一个人类逐步走向世界大同、天下文明的新伟大历史进程。

需要强调的是，中国式现代化是生发于人类商品经济的特定历史时期的，在劳动是谋生手段的历史阶段，其发展的总趋势是"东升西降"，主要呈现为一种"中国式"逐渐向"世界化"扩展之走向。在未来劳动成为第一需要的历史阶段，中国式内涵随着全世界国家的消亡而自然消亡，这意味着，届时中国式现代化完成了其历史使命。但是，历史地具体地看，在这一宏远壮阔的历史进程中，当前中国式现代化的创新突破，对当代世界发展来说，预示着 21 世纪科学社会主义将逐步引领世界社会主义运动，"为世界谋大同"会逐步成为人类文明发展新走向。当然，经验表明，这一定是一个很长且充满挑战的历史过程。但规律上的必然，让我们坚信不疑。

（三）守正创新：目标愿景与党的十八大以来中国式现代化的成功推进和拓展

从中国式现代化的时代内涵上看，它生成于商品经济历史语境，着眼于"资本—劳动"博弈大历史格局，本质上是中华民族对基于劳动逻辑的现代化路径之自觉选择；中国式现代化具有深远的历史意义，它预示着 21 世纪马克思主义将逐步主导未来人类历史进程，天下文明将成为人类文明新形态，西方资本主义文明将在现代化进程中退场。

党的二十大报告在新时代实践上的最大创新成果，就是第一次系统阐释了"中国式现代化"。深刻理解和全面把握中国式现代化，需要研究三个深层次问题，即它形成的逻辑是什么，它深层的时代内涵是什么，它对人类历史发展会带来什么深远影响。

1.中国式现代化的形成逻辑：习近平新时代中国特色社会主义思想的"理论指导"与中国式现代化实践的"问题引导"之有机统一

党的二十大报告强调："在新中国成立特别是改革开放以来长期探索和实践基础上，经过十八大以来在理论和实践上的创新突破，我们党成功推进和拓展了中国式现代化。"[①]从文本上看，中国式现代化的形成具有这样的过程：新中国成立→改革开放以来→十八大以来：理论和实践上的创新突破（成功推进和拓展了中国式现代化）。这一过程有三个关键点。起点是新中国成立，这是中国式内涵生成的实践开端；重要节点是改革开放，这是中国共产党开始对中国式现代化进行自觉思考的标志性节点；关键时间是十八大以来，这是中国共产党在对中国式现代化进行理论思考和实践总结的基础上，形成规律性认识的阶段。这一阶段的标志性事件是在理论和实践上实现了创新突破。

在理论方面，习近平新时代中国特色社会主义思想创立，

---

① 习近平.高举中国特色社会主义伟大旗帜 为全面建设社会主义现代化国家而团结奋斗：在中国共产党第二十次全国代表大会上的报告.北京：人民出版社，2022：22.

并在世界观和方法论上指导中国式现代化实践，体现出的是理论的指导性。在实践方面，中国式现代化的性质特征、目标愿景、行动框架等核心性重大问题得以回答并在实践中获得成功解决，中国式现代化不断走向深入，体现出的是问题引导性。综合上述理论指导和问题引导，一定意义上可以说，中国式现代化既是理论创新，同时又是实践创举，体现了习近平新时代中国特色社会主义思想与中国式现代化实践的有机融合。如何看待这一融合？党的二十大报告提出，问题是时代的声音；人们常说，问题是发展的先导。这些可作为我们进一步思考的参考。

就问题是时代的声音而言，中国式现代化在探索中提出了不少时代性问题，在应然意义上，主要涉及这样几个，即作为后发式现代化，中国式现代化与西方现代化有什么本质区别？它的特质性规定会提出什么要求？如何进行战略谋划？实践上应该把握什么样的原则？就问题是发展的先导来看，针对这些问题，中国共产党人结合中国现代化实践的具体实际，结合中华优秀传统文化的精华，着眼解决问题，不断努力探索，逐渐形成了一些规律性认识。党的二十大报告将这些认识概括提炼为以下方面：中国式现代化的性质→共同特征→5 大中国特色→9 点本质要求→战略安排→5 项实践上的重大原则。可见，中国式现代化的成功推进和拓展，实际上内含了两条脉络：基于 "中国之问、世界之问、人民之问、时代之问" 的在实践探索中的重大问题引导；基于 "两个结合" 和 "问题导

向"的习近平新时代中国特色社会主义思想在世界观和方法论
上的指导。可以说，这就是中国式现代化理论创新和实践创新
的基本点。

如何看待这一基本点？一方面，中国式现代化实践所面临
的问题，所提出的时代诉求，强有力地引导着新时代的创新理
论不断回答和解决问题，问题引导所产生的创新成果令人鼓
舞。另一方面，党的十八大以来，中国式现代化的成功推进和
拓展，有力地证明了习近平新时代中国特色社会主义思想的科
学性和实践力。这意味着，在中国式现代化与习近平新时代中
国特色社会主义思想之间，问题引导与理论指导高度融合，问
题通过引导理论回答，其自身获得解决；理论通过回答和解决
问题，其自身得以升华。可以说，这种双向良性互动，这种体
现为理论指导的主体自觉和能动性，这种体现为问题引导的客
观需求与合规律性要求，成为我们深入理解中国式现代化形成
逻辑的基本线索。一言以蔽之，上述线索意味着，中国式现代
化之所以能形成，归根到底，是源于中国共产党人的主体自觉
和使命担当，源于中国共产党对时代诉求的科学回应及合目的
性满足，诚如党的二十大报告所作出的科学论断："归根到底
是马克思主义行，是中国化时代化的马克思主义行。"①

---

① 习近平.高举中国特色社会主义伟大旗帜 为全面建设社会主义现代化国
家而团结奋斗：在中国共产党第二十次全国代表大会上的报告.北京：人民出版
社，2022：16.

2.中国式现代化的时代内涵:"是什么,干什么,怎么干"与基于劳动逻辑的现代化

党的二十大报告关于中国式现代化问题的论述主要聚焦以下内容:在中心任务中提出"以中国式现代化全面推进中华民族伟大复兴"基本路径→十八大以来中国式现代化的成功推进和拓展→性质和5大特征→本质要求→战略谋划和未来5年的安排→前进道路上必须牢牢把握的5项重大原则。从叙事思路看,体现出一种"提出论断→形成过程→性质特征→本质要求→战略谋划→实践原则(要求)"的结构。从其内在逻辑看,主要是在回答中国式现代化"是什么,干什么,怎么干"问题。

关于中国式现代化是什么,集中在党的二十大报告中的"性质和特征"部分。首先是性质规定,即"中国式现代化,是中国共产党领导的社会主义现代化"①,其次是5大特征论断,二者共同构成中国式现代化的内涵界定。这一内涵的基本内容结构为:(中国共产党领导→社会主义现代化)→(人口规模巨大+全体人民共同富裕+物质文明和精神文明相协调+人与自然和谐共生+走和平发展道路)②。该结构内含两个层次的规定性:(1)对自身的定性,是社会主义的,是党领导的,具有根本性、源头意义;(2)与他者的主要区别,人口的先天

---

① 习近平.高举中国特色社会主义伟大旗帜 为全面建设社会主义现代化国家而团结奋斗:在中国共产党第二十次全国代表大会上的报告.北京:人民出版社,2022:22.
② 同①22—23.

性、人民取向的价值性、两个文明的协调性、人与自然的融合性，以及和平发展的国际宣示，从先天与后天、科学与价值、内部与外部不同维度界定了中国式现代化与其他现代化的不同，侧重中国式现代化的独特性。两个层次相比，前者是根源，后者是进一步展开。从根源看，中国式现代化源于社会主义道路，本质上是社会主义道路的一种具体体现。这一具体体现的核心要素是"党的领导"。基于此，在根源意义上，中国式现代化内涵可表述为"社会主义道路→党的领导→基于中国国情、体现'先天与后天、科学与价值、内部与外部'不同维度需求的5大特征"。从5大特征来看，它涉及先天性与后天性、科学性与价值性、内部性与外部性诸多方面，比较全面和全方位地界分出中国式现代化的特质，预示了中国式现代化的潜在影响力和深远历史意义。比如，就先天性因素来看，人口规模巨大，意味着在市场经济中中国具有人力资源和市场需求两大相对优势；占世界人口比重大，意味着中国式现代化的规模效应，对全球现代化进程的质变具有直接的决定性意义。质言之，中国强大，世界强大；中国质变，全球飞跃；中华民族伟大复兴对全球发展具有革命性效应和决定性影响。再比如，就后天性和价值性因素来看，全体人民共同富裕，会使得中国科学社会主义的实践在全球"资本—劳动"博弈格局中具有推动和示范作用，再加之"走和平发展道路"的价值主张，从一定意义上甚至可以说，"人民至上，共同富裕，和平发展，世界大同"，将成为21世纪主导性大走向、新格局。要言之，随着中国式现代化持续成功推进和不断拓展,"新时代中国特色社会主义→21世纪科学社会主义→未来全球之'世界命运共同体'",这一历史发展愿景将成为时代发展的大主线。

关于中国式现代化要干什么,集中在党的二十大报告中的"本质要求"部分,体现为9方面,指向"总体(坚持中国共产党领导、坚持中国特色社会主义)→总体布局("五位一体"总体布局所要求的实现高质量发展、发展全过程人民民主、丰富人民精神世界、实现全体人民共同富裕、促进人与自然和谐共生)→共同体(推动构建人类命运共同体、创造人类文明新形态)"之宏观布局①。在这一布局中,总体性要素包括"坚持中国共产党领导,坚持中国特色社会主义",强调的是根本原则、方向和道路。布局性要素包含经济、政治、文化、社会和生态文明五个领域,是关于现代化"五位一体"总体布局的相应内容,强调的是目标性和愿景性,即关于中国式现代化的前景预期。共同体因素,包含两个层次:一个是关于参与全球治理的价值主张,即推动构建人类命运共同体;另一个是关于人类文明发展的使命担当,即创造人类文明新形态。深入看,二者之间内含了这样的世界观和方法论意蕴及诉求:世界眼光、全球视野,胸怀天下、天下胸怀。可以说,推动构建人类命运共同体,创造人类文明新形态,这既是一种天下思维,

---

① 习近平.高举中国特色社会主义伟大旗帜 为全面建设社会主义现代化国家而团结奋斗:在中国共产党第二十次全国代表大会上的报告.北京:人民出版社,2022:23-24.

同时也是一种天下观。这也从一个侧面再次说明了，习近平新时代中国特色社会主义思想的世界观和方法论与中国式现代化实践之间实现了有机结合，即前者指导后者，后者验证并进一步深化前者。

关于中国式现代化怎么干，集中在党的二十大报告中的"战略安排"和 5 项"重大原则"部分，体现为"两步走→未来 5 年部署→'谁领导→干什么→为了谁→怎么干→以什么状态'"之总体谋划①。这是中国式现代化的实践安排，包含两个层次：一个是战略安排，内含两步走和未来 5 年的部署；另一个是实践要求，即前进道路上，必须牢牢把握的"重大原则"，本质上是一种行动性框架。在战略安排方面，宏观上强调两步走，15 年一个目标，体现为：基本实现社会主义现代化→建成富强民主文明和谐美丽的社会主义现代化强国。内含的理念是：先实现现代化，再建成强国。在中观上，强调对未来 5 年进行目标性规划，注重定性，聚焦 8 个目标，即经济高质量发展＋改革开放＋政治建设＋精神文化＋社会民生＋生态环境＋国家安全＋国际地位和影响。在实践要求方面，包含 5 项"重大原则"，即"5 个坚持"。从内容上看，包含：党的全面领导＋中国特色社会主义道路＋以人民为中心的发展思想＋深化改革开放＋发扬斗争精神。从其针对性看，分别

---

① 习近平.高举中国特色社会主义伟大旗帜 为全面建设社会主义现代化国家而团结奋斗：在中国共产党第二十次全国代表大会上的报告.北京：人民出版社，2022：24-27.

为：领导者→道路→为了谁→怎么干→以什么状态。综合战略安排和5项"重大原则"，可以看到，中国式现代化在"怎么干"意义上，体现为：目标定向（先实现现代化，再建成强国）→行动框架（党领导，走中国特色社会主义道路，以人民为中心，深化改革开放，发扬斗争精神）。

综合上述，是什么、干什么、怎么干三者之间贯穿两个共性因素，即**中国共产党的领导**（中国共产党领导的—坚持中国共产党领导—坚持和加强党的全面领导）和**人民**（全体人民共同富裕的—发展全过程人民民主、丰富人民精神世界、实现全体人民共同富裕—坚持以人民为中心的发展思想），这表明，在人类现代化历史进程中，在"资本—劳动"博弈的格局中，中国式现代化隶属于"劳动"一方。这意味着，与基于资本逻辑的西方现代化相比，中国式现代化是基于劳动逻辑的现代化，这是中国式现代化的深层时代内涵所在。

3. 中国式现代化的深远历史意义："西方现代化"的退场与基于"世界大同"的人类文明新形态、人类历史新走向

如上文所述，中国式现代化缘起于新中国的成立，探索于改革开放的整个进程，于党的十八大以后在理论和实践创新上获得重大突破，党的二十大将这些探索和突破进一步提升，形成规律性认识并反过来进一步指导中国式现代化实践。可以说，这就是中国式现代化的大致来龙去脉。从认识论意义上说，关于"中国式现代化在现实中是什么"的问题就基本解决

了。但是，这远远不够，认识论的规律还要求，对于"中国式现代化在未来的历史中将会是什么"这个问题也必须回答，也必须弄清楚。否则，对中国式现代化问题，就只能是知其一，不知其二；知其然，不知其所以然。理论上，深入分析"中国式现代化在未来的历史中将会是什么"，本质上是要对中国式现代化概念的核心语义及其所依存的历史语境进行分析。

中国式现代化概念的语法结构是"中国式＋现代化"，中国式是限定语，现代化是中心词，其基本含义是中国式的现代化。因此，理解这一概念的基本语义，核心是把握现代化的本质性规定。从语源学意义上看，"现代化"一词是从英语单词 modern 和 modernize 衍生出来的。根据韦氏辞典，英语单词 modern 是形容词，产生于 1585 年，表示性质和时间：现代的，指从大约公元 1500 年到当前这段历史时间。英语 modernize 是动词，产生于 18 世纪，含义是：使成为现代的。由此推论，"现代化"的基本词义是：现代的，大约公元 1500 年以来出现的新变化。从语言使用角度来看，"现代化"概念使用的语境指向商品经济历史阶段，主要指称的是，人类社会从传统自然经济历史阶段向现代商品经济历史阶段的变革及其结果。综合上述概念溯源和历史语境使用两个方面，笔者以为，可以按照"立足现代化的内涵→基于商品经济历史语境→聚焦中国式现代化的特质"这一逻辑路径来分析中国式现代化的深层历史意义。

一般意义上，现代化指称人类社会自公元 1500 年以来出现的新变化。立足于当下，着眼于人类社会发展的 "自然经济→商品经济→产品经济" 大历史观来看，现代化的本质就是，人类社会实现从自然经济向商品经济转换的过程及结果。这一过程内含三个核心性转型：农业主导→工商业主导；农民为主→市民为主；传统熟人社会结构→现代陌生人社会结构。在这个意义上，中国式现代化就是中华民族完成从自然经济历史阶段向商品经济历史阶段转型的过程及结果。关键问题是，这一转型及结果在人类社会发展的 "自然经济，传统社会→商品经济，现代社会→产品经济，未来社会" 序列上意味着什么？

在人类历史发展中，隐藏着这样一条基本脉络：基于人与大自然交换的自然经济历史阶段→基于人与人进行商品交换的商品经济历史阶段→基于人与社会直接交换的产品经济历史阶段。自然经济历史阶段，基本生产方式是种地，人的发展体现为以种地来谋生的 "农民"，其生活在乡村。商品经济历史阶段，基本生产方式是工业制造、商业贸易，人的发展体现为要通过市场交换而生存的人，其生活在城市，因此被称为 "市民"（市场中的人＋住在城市里的人）。产品经济历史阶段，按照规律推演，物质极大丰富，丰富到人人都不在乎，社会实行按需分配，劳动作为谋生手段的根源消失，劳动成为第一需要。在此基础上，市场消失，市民消失，阶级消失，国家消亡。人成为只受必然性支配的自由人，社会成为自由人联合体。在这个前提下，人的发展体现为自由人，基本生产方式为产品生产。由此可预见，人类社会发展到产品经济历史阶段，基于劳动成为第一需要，人的主体性极大增强，人因能动自觉而积极发展，人的全面发展成为现实常态。可以说，该阶段，人的自由而全面发展是人的基本生存和生活状态。综合人的自由而全面发展和社会成为自由人的联合体两个方面，可以判断，在未来的产品经济历史阶段，社会发展的基本图景是：人，自由而全面发展；社会，形成自由人联合体。在逻辑上，这意味着，世界逐渐走向基于充分个性化的人与人之间联合发展的新阶段，全球一家，一家全球，大同世界的历史内涵开始生成。从文明的视角去看，世界即天下，天下即世界，"天下文明"之新观念也将逐渐成为人们追求的共识。可以预见，在实践上，基于自由人联合体的"大同世界"进程也将开启，人类文明演进进程中的"天下文明"新形态将徐徐展现。可以说，这是中国式现代化的深远历史意义的第一层含义，即天下文明、世界大同是全球现代化进程之使然，基于 14 亿多人口规模的中国式现代化的完成，对天下大同的到来会产生决定性作用。这是从历时性角度去看的。

从共时性角度看，中国式现代化的深远历史意义还有第二层含义，即工商文明具有过程性，天下文明具有恒久性，一定意义上，以实现全人类解放、建设共产主义为主张的科学社会主义，将以其胸怀天下的天下思维天下观逐步主导未来人类历史进程。在这个意义上，中国式现代化的完成意味着西方现代化的退场和西方现代化进程的终结。之所以这样判断，就在于商品经济历史阶段商品背后的主体具有特殊的规定性。

具体说,在商品经济历史阶段,商品交换的内涵是:人的生活和工作都要通过商品交换才能完成。商品交换是该历史阶段上一切社会实践活动的底层支撑。这一支撑及其底层性意味着,人必须通过商品交换才能生存和发展,而人一旦进入交换,则将面临两种情形:一种是自己有"身外之物",当然就用"身外之物"与他人交换;一种是自己没有"身外之物",但又必须交换,则只能交换"身内之物"。这两种情形意味着,商品交换对其主体的内在规定,已经将交换主体自然地区分为两个类型:有"身外之物"的人和没有"身外之物"的人。前者在实践中体现出如下演化过程,即"有'身外之物'的人→拥有生产资料的人→有产者→资产阶级→拥有资本的力量"。后者在实践中体现出如下演化过程,即"没有'身外之物',只有'身内之物'的人→没有生产资料的人→无产者→无产阶级→拥有劳动的力量"。从纯粹逻辑意义上看,资产者,拥有资本的力量,强调资本优先,奉行资本至上理念,选择的是资本主义道路。劳动者,拥有劳动的力量,强调的是劳动优先,奉行人民至上理念,选择的是社会主义道路。在一定意义上,这就是"资本的逻辑"和"劳动的逻辑"的基本内核。那么,如何看待这两种逻辑呢?

从实践上看,资产者和劳动者,分别对应于有"身外之物"和没有"身外之物"只有"身内之物"。"身外之物"即生产资料,是社会赋予的;"身内之物"即体力、脑力,是天然具有的。在应该意义上,"身外之物"既然是社会赋予的,也就意味着它可以通过社会性进行清除。就此而言，资产者和劳动者这两个主体，在商品经济这个特定的人类历史阶段，劳动者具有恒久性，即无论是在自然经济历史阶段，还是在商品经济历史阶段，抑或是在未来产品经济历史阶段，只要人存在，劳动者就存在。相反，资产者则具有历史性和过程性，即它是在特定历史条件下（社会因为劳动产品有限，只能一部分人占有，一部分人没有，即生产资料社会私有）产生，也将因特定历史条件的消失（产品经济历史阶段，产品极大丰富，社会按需分配，商品消失，资本消失，资产者也自然消失）而不复存在。这是历史发展的必然规律。由此可见，基于资本逻辑的西方现代化，因为资本逻辑的有限性和历史过程性，在其主导的工商文明发展上，也同样具有历史的过程性。可以说，随着人类现代化进程的完成，随着商品经济历史阶段的结束，西方现代化的历史合理性资源也将枯竭，建立在西方现代化基础上的资本主义社会形态也将随之终结。在这个意义上，西方资本主义在现代化进程中的退场才是一个人类历史阶段的真正的终结；基于中国式现代化的 21 世纪科学社会主义的出场，才是真正的"天下文明、世界大同"新历史进程的开始。

综合而言，中国式现代化的深远历史意义，体现在两个层面：历时性上，具有天下思维天下观的 21 世纪科学社会主义，将逐步主导未来人类历史进程，天下文明将成为人类文明新形态，世界大同将成为人类历史新走向；共时性上，随着中国式现代化的深入推进，随着它在全球现代化进程中的不断拓展并占据主导地位,西方资本主义文明在现代化进程中退场,西方现代化进程终结。

总之,关于中国式现代化问题,通过文本分析,可以得出以下结论:第一,中国式现代化源于党的十八大以来党在理论和实践上的创新突破,体现了问题引导和理论指导的有机统一和高度融合,预示着在未来中国式现代化进程中,习近平新时代中国特色社会主义思想的世界观和方法论指导将更为有力,中国式现代化实践将更加深入,中华民族的现代化进程将势不可挡、所向披靡;第二,在深层意蕴上,中国式现代化植根于商品经济历史土壤,着眼于"资本—劳动"博弈大历史格局,坚持党的全面领导和人民至上,本质上是中华民族对基于劳动逻辑的现代化路径之自觉选择;第三,中国式现代化具有深远历史意义,预示着21世纪科学社会主义,将逐步主导未来人类历史进程,天下文明将成为人类文明新形态,世界大同将成为人类历史新走向。

(四)问题导向:"五个坚持"与推进中国式现代化前进道路上的根本问题

党的二十大报告指出:"从现在起,中国共产党的中心任务就是团结带领全国各族人民全面建成社会主义现代化强国、实现第二个百年奋斗目标,以中国式现代化全面推进中华民族伟大复兴。"①为顺利完成这一中心任务，党的二十大报告进一步强调，前进道路上必须牢牢把握以下重大原则：坚持和加强党的全面领导，坚持中国特色社会主义道路，坚持以人民为中心的发展思想，坚持深化改革开放，坚持发扬斗争精神②。这五个重大原则，简称"五个坚持"。"五个坚持"指明了在推进中国式现代化前进道路上的根本问题，即谁在领导，为谁而干，采取什么路径，动力之源何在，应具备什么样的精神状态。"五个坚持"与中国式现代化实践的关系是，前者是后者所必须遵循的重大原则，它为全面建设社会主义现代化国家提供根本遵循和重要保证。只有全面、系统、深入学习，才能完整、准确、全面领会党的二十大精神，对是什么、干什么、怎么干了然于胸，为贯彻落实打下坚实基础。全面把握"五个坚持"，首先需要深入研究其所内含的深层逻辑，知其然更知其所以然。

为什么提出"五个坚持"？这是中国式现代化的性质和特征之规定使然，是全面建设社会主义现代化国家之必然要求，是积极应对大考之主动准备，目的是让全党同志对中国式现代化、对全面建设社会主义现代化国家的实践要求，对面临的机遇与困难、风险和挑战，对我们"是什么、干什么、怎么干"了然于胸，从而为贯彻落实全面建设社会主义现代化国家战略

①　习近平. 高举中国特色社会主义伟大旗帜 为全面建设社会主义现代化国家而团结奋斗：在中国共产党第二十次全国代表大会上的报告. 北京：人民出版社，2022：21.

②　同① 26–27.

部署打下坚实基础。

习近平强调:"新时代以来,党的理论创新和实践创新是十分生动的,我们的学习也应该是生动的,不能仅停留在记住一些概念和提法。"①从根本上说,"五个坚持"是党的二十大报告在政治上、理论上就党和国家事业发展制定的大政方针的重要内容之一。把握这些原则提出的针对性,需要我们在读原文的基础上,同时联系党的十八大以来党和国家事业取得的历史性成就、发生的历史性变革,联系国际环境深刻变化,领悟其包含的理论逻辑和实践逻辑。

从理论上说,中国式现代化,是中国共产党领导的社会主义现代化,这是性质规定;既有各国现代化的共同特征,更有基于自己国情的中国特色,体现为人口规模巨大、全体人民共同富裕、物质文明和精神文明相协调、人与自然和谐共生、走和平发展道路五个方面,这是基本特征。在逻辑上,性质决定要求,特征影响实践。中国共产党领导的社会主义现代化性质,决定了中国式现代化的领导主体必须是也只能是中国共产党,坚持和加强党的全面领导,是中国式现代化的本质性要求。五大基本特征意味着,中国式现代化的实践必须回应中国和世界两大方面的诉求,必须回答科学发展和价值立场等合规律性与合目的性两个尺度的时代之问。也就是说,中国式现代化的性质与特征之规定,预示着中国式现代化的理论逻辑或者

① 习近平.习近平主持二十届中共中央政治局第一次集体学习并发表重要讲话."学习强国"学习平台,2022-10-26.

理论框架必然指向以下几方面：谁来领导，为谁而干，采取什么路径，动力之源何在，应具备什么样的精神状态。谁来领导，指的就是坚持和加强党的全面领导；为谁而干，就是坚持以人民为中心的发展思想；采取什么路径，就是坚持中国特色社会主义道路；动力之源何在，就是坚持深化改革开放；应具备什么样的精神状态，就是坚持发扬斗争精神。由此可见，"中国式现代化的性质和特征"这一内涵本身，已经覆盖了"五个坚持"的实践原则之要义。换言之，在"中国式现代化的性质和特征"中，"五个坚持"已经"呼之欲出"了。万事俱备只欠东风，这个东风就是现实需求，就是实践逻辑。中国式现代化的本质规定性要求，在前进道路上必须提出"五个坚持"。这也是推进中国式现代化、全面建设社会主义现代化国家的必然要求。

从现实上看，党的二十大报告指出，我国发展进入战略机遇和风险挑战并存、不确定难预料因素增多的时期，各种"黑天鹅"、"灰犀牛"事件随时可能发生，全党同志必须准备经受风高浪急甚至惊涛骇浪的重大考验[①]。在这种情境下，为了顺利完成全面建成社会主义现代化强国、以中国式现代化全面推进中华民族伟大复兴的中心任务，为了使两步走战略安排走得稳、走得好，为了有力有效应对风高浪急甚至惊涛骇浪的

---

① 习近平.高举中国特色社会主义伟大旗帜 为全面建设社会主义现代化国家而团结奋斗：在中国共产党第二十次全国代表大会上的报告.北京：人民出版社，2022：26.

考验，就需要确定根本遵循，这就是提出"五个坚持"的必要性所在。对于考验，党的二十大报告强调了国内国外两个方面、机遇挑战两个方面：（1）战略机遇和风险挑战并存（战略机遇＝百年未有之大变局＋科技革命和产业变革＋国际力量对比；风险挑战＝世纪疫情＋逆全球化思潮＋单边主义、保护主义＋世界经济＋局部冲突和动荡＋全球性问题）；（2）不确定和难预料因素增多（深层次矛盾＋顽固性、多发性问题＋外部打压遏制随时可能升级）。在应然意义上，为有效应对这些考验，需要做好三个方面工作：抓住机遇，化解风险，应对困难和挑战。这意味着，前进道路上，我们要对所面临的机遇、困难、风险、挑战背后蕴含的"是什么、干什么、怎么干"等根本问题了然于胸，否则，全面建设社会主义现代化国家就是一句空话。党的二十大报告提出"五个坚持"，就全面建设社会主义现代化国家提出重大实践要求，回应了"是什么、干什么、怎么干"的问题。是什么，是中国共产党领导的社会主义现代化，必须坚持和加强党的全面领导；干什么，要坚持和发展中国特色社会主义，要坚持以人民为中心的发展思想，要以中国式现代化全面推进中华民族伟大复兴，要为中国人民谋幸福，要把国家和民族发展放在自己力量的基点上，要把中国发展进步的命运牢牢掌握在自己手中；怎么干，坚持深化改革开放，坚持发扬斗争精神。

　　"五个坚持"是什么？它指明了前进道路上的基本问题。谁来领导？中国共产党。为谁而干？以人民为中心。采取什么路径？坚持和发展中国特色社会主义。动力之源何在？深化改革开放。应具备什么样的精神状态？发扬斗争精神。从文本看，坚持和加强党的全面领导，坚持中国特色社会主义道路，坚持以人民为中心的发展思想，坚持深化改革开放，坚持发扬斗争精神，这些内容实际上是从五个不同维度提出所要遵循的重大原则或根本要求，为的是在实践上给全面建设社会主义现代化国家提供一种总体的行动框架。

从结构上说，上述行动框架内含下述逻辑脉络：党的全面领导→中国特色社会主义道路→以人民为中心的发展思想→改革开放→斗争精神。其中，坚持和加强党的全面领导回答"谁来领导"的问题，坚持以人民为中心的发展思想回答"为谁而干"的问题，坚持中国特色社会主义道路回答"采取什么路径"的问题，坚持深化改革开放回答"动力之源何在"的问题，坚持发扬斗争精神回答"应具备什么样的精神状态"的问题。综合而言，"五个坚持"体现出这样的逻辑：谁来领导→为谁而干→采取什么路径→动力之源何在→应具备什么样的精神状态，即围绕着全面建设社会主义现代化国家这个伟大实践、伟大征程，回答上述五大重要问题。从本质上说，这些重要问题是奋进新征程的时代要求，"五个坚持"，就是对这一诉求的自觉回应。在这个意义上，"五个坚持"本质上是对新时代新征程上时代之诉求的自觉回应，它回答了时代之问，即在全面建设社会主义现代化国家新征程中，谁来领导，为谁而干，采取什么路径，动力之源何在，应具备什么样的精神状态。质言之，"五个坚持"确定了新时代新征程上如何以中国式现代化全面推进中华民族伟大复兴、全面建设社会主义现代化国家的行动纲领和行动方案，详细和深刻描绘了中国式现代化的实践运作框架。具体如下：

第一，新时代新征程上，如何坚持和加强党的全面领导？党的二十大报告强调："坚决维护党中央权威和集中统一领导，把党的领导落实到党和国家事业各领域各方面各环节，使党始终成为风雨来袭时全体人民最可靠的主心骨，确保我国社会主义现代化建设正确方向，确保拥有团结奋斗的强大政治凝聚力、发展自信心，集聚起万众一心、共克时艰的磅礴力量。"①这里，坚持和加强党的全面领导体现的内容是：党中央权威和集中统一领导＋党和国家事业各领域各方面各环节＋主心骨＋正确方向＋政治凝聚力、发展自信心＋万众一心、共克时艰。它蕴含的逻辑是：把党中央权威和集中统一领导→落实到各领域各方面各环节→成为人民最可靠的主心骨→确保正确方向，形成政治凝聚力、发展自信心，实现万众一心、共克时艰。可以说，该原则对党的领导的目的性、全面性和目标性作出了详细规定。

第二，新时代新征程上，如何坚持中国特色社会主义道路？党的二十大报告强调："坚持以经济建设为中心，坚持四

---

① 习近平．高举中国特色社会主义伟大旗帜 为全面建设社会主义现代化国家而团结奋斗：在中国共产党第二十次全国代表大会上的报告．北京：人民出版社，2022：26—27.

项基本原则，坚持改革开放，坚持独立自主、自力更生，坚持道不变、志不改，既不走封闭僵化的老路，也不走改旗易帜的邪路，坚持把国家和民族发展放在自己力量的基点上，坚持把中国发展进步的命运牢牢掌握在自己手中。"①其内容结构为：1 个中心（经济建设）+4 个基本点（四项基本原则，改革开放，独立自主、自力更生，道不变、志不改）+2 个"不走"（不走封闭僵化的老路，不走改旗易帜的邪路）+2 个坚持（自己力量，自己手中）。其逻辑体现为：坚持基本路线的核心（一个中心，两个基本点）→强调"独立自主、自力更生，道不变、志不改"→重申"两个不走"→突出"自己力量，自己手中"。一定意义上，这就宣示了在新时代新征程上要干什么，即要坚持基本路线，要独立自主、自力更生，要道不变、志不改，要把国家和民族发展放在自己力量的基点上，要把中国发展进步的命运牢牢掌握在自己手中。

　　第三，新时代新征程上，如何坚持以人民为中心的发展思想？党的二十大报告强调："维护人民根本利益，增进民生福祉，不断实现发展为了人民、发展依靠人民、发展成果由人民共享，让现代化建设成果更多更公平惠及全体人民。"②这里，关键词是：根本利益＋民生福祉＋发展为了人民、发展依靠人民、发展成果由人民共享＋更多更公平。它体现的逻辑是：

　　①② 习近平 . 高举中国特色社会主义伟大旗帜 为全面建设社会主义现代化国家而团结奋斗：在中国共产党第二十次全国代表大会上的报告 . 北京：人民出版社，2022：27.

发展目的（维护根本利益，增进民生福祉）→价值理念（为了人民、依靠人民、人民共享）→最终目标（成果更多更公平惠及全体人民）。可以说，它是以鲜明的人民性、清晰的全过程贯穿性（人民目的—人民理念—全民目标）和"五个坚持"这种方式，详细地回答了"为谁而干"这一人民之问，人民立场非常鲜明。

第四，新时代新征程上，如何坚持深化改革开放？党的二十大报告强调："深入推进改革创新，坚定不移扩大开放，着力破解深层次体制机制障碍，不断彰显中国特色社会主义制度优势，不断增强社会主义现代化建设的动力和活力，把我国制度优势更好转化为国家治理效能。"①它表述的基本内容是：改革创新＋扩大开放＋破解深层次体制机制障碍＋制度优势＋动力和活力＋（制度优势→治理效能）。其关键词是：创新—扩大—深层次—制度优势—动力活力—转化。它体现的逻辑为：深入推进改革，坚定不移扩大开放→着力破解深层次体制机制障碍→彰显制度优势，增强动力和活力→把制度优势更好转化为国家治理效能。一定意义上，它是从创新和扩大两个路径上，从破障和立新两个方向上，从制度优势和治理效能两个维度上，回答了新时代新征程上"采取什么路径"这一问题。可以说，这是"采取什么路径"的基本行动路线、行动方案。

---

① 习近平.高举中国特色社会主义伟大旗帜 为全面建设社会主义现代化国家而团结奋斗：在中国共产党第二十次全国代表大会上的报告.北京：人民出版社，2022：27.

　　第五，新时代新征程上，如何坚持发扬斗争精神？党的二十大报告强调："增强全党全国各族人民的志气、骨气、底气，不信邪、不怕鬼、不怕压，知难而进、迎难而上，统筹发展和安全，全力战胜前进道路上各种困难和挑战，依靠顽强斗争打开事业发展新天地。"①在结构上，有五个要点：志气、骨气、底气，不信邪、不怕鬼、不怕压；知难而进、迎难而上；统筹发展和安全；战胜困难和挑战；顽强斗争。其内在逻辑体现为：气和势→知难和迎难→发展和安全→困难和挑战→顽强和斗争。从应该增强的气和势，从应当保持的知难和迎难，从要统筹的发展和安全，从要战胜的困难和挑战，从要顽强斗争等多方面，回答了"应具备什么样的精神状态"的问题。要言之，如何发扬斗争精神，这五个方面就是基本遵循。

　　总之，上述分析显示，"五个坚持"指明了在前进道路上的基本问题，即谁来领导，为谁而干，采取什么路径，动力之源何在，应具备什么样的精神状态。在本质上，它是新时代新征程上以中国式现代化全面推进中华民族伟大复兴的行动框架、行动纲领、行动方案。

　　"五个坚持"与中国式现代化实践是什么关系？前者是后者的理论支撑，旨在为全面建设社会主义现代化国家、全面推进中华民族伟大复兴提供行动指引。

---

　　① 习近平.高举中国特色社会主义伟大旗帜 为全面建设社会主义现代化国家而团结奋斗：在中国共产党第二十次全国代表大会上的报告.北京：人民出版社，2022：27.

从根源上追问,"五个坚持"从哪里来?经结构分析可以看出,它源于中国式现代化的本质要求。

中国式现代化的本质要求是:坚持中国共产党领导,坚持中国特色社会主义,实现高质量发展,发展全过程人民民主,丰富人民精神世界,实现全体人民共同富裕,促进人与自然和谐共生,推动构建人类命运共同体,创造人类文明新形态①。从文本看,其结构为:中国共产党领导+中国特色社会主义+高质量发展+全过程人民民主+精神世界+共同富裕+人与自然和谐共生+人类命运共同体+人类文明新形态。其内在逻辑为:总体(中国共产党领导、中国特色社会主义)→"五位一体"总体布局→共同体(人类命运共同体,人类文明新形态)。它与"五个坚持"的文本结构("谁来领导→为谁而干→采取什么路径→动力之源何在→应具备什么样的精神状态")对比,可以发现,中国共产党领导—中国特色社会主义—人民,是"本质要求"和"五个坚持"二者之间的共性要素,也就是说,二者之间具有共通性。何以有这种共通性?究其根由在于,中国式现代化的本质要求,既是本质,也是要求,源于本质,指向现实,放眼世界。"本质"主要侧重"中国共产党领导+中国特色社会主义"两个要素,"现实"侧重"高质量发展+全过程人民民主+精神世界+共

---

① 习近平.高举中国特色社会主义伟大旗帜 为全面建设社会主义现代化国家而团结奋斗:在中国共产党第二十次全国代表大会上的报告.北京:人民出版社,2022:23-24.

同富裕＋人与自然和谐共生"五个要素，"世界"侧重"人类命运共同体＋人类文明新形态"。而"五个坚持"，以其"谁来领导→为谁而干→采取什么路径→动力之源何在→应具备什么样的精神状态"这样的逻辑规定，对中国式现代化的本质规定给出了具体阐释，是中国式现代化本质要求的具体展开。可见，在中国式现代化理论中，"本质→本质性要求→实践要求"具有内在关联性，体现为一种"源"和"流"之结构。这意味着，"本质要求"与"五个坚持"之间，是一种"本质要求"和"实践要求"的关系，是"源"和"流"的关系。这决定了"五个坚持"本质上也是理论性的，只不过与"本质要求"相比，它对中国式现代化实践更具有直接的指导作用。在这个意义上，"五个坚持"也是指导中国式现代化战略部署的理论依据，是全面建设社会主义现代化国家的强大理论支撑，旨在为全面建设社会主义现代化国家提供行动指引。

　　而关于全面建设社会主义现代化国家的战略部署及其实践，党的二十大报告提出，全面建成社会主义现代化强国，总的战略安排是分两步走：从 2020 年到 2035 年基本实现社会主义现代化；从 2035 年到 21 世纪中叶把我国建成富强民主文明和谐美丽的社会主义现代化强国。未来五年主要目标任务是：经济高质量发展取得新突破，科技自立自强能力显著提升，构建新发展格局和建设现代化经济体系取得重大进展；改革开放迈出新步伐，国家治理体系和治理能力现代化深入推进，社会主义市场经济体制更加完善，更高水平开放型经济新体制基本形成；全过程人民民主制度化、规范化、程序化水平进一步提高，中国特色社会主义法治体系更加完善；人民精神文化生活更加丰富，中华民族凝聚力和中华文化影响力不断增强；居民收入增长和经济增长基本同步，劳动报酬提高与劳动生产率提高基本同步，基本公共服务均等化水平明显提升，多层次社会保障体系更加健全；城乡人居环境明显改善，美丽中国建设成效显著；国家安全更为巩固，建军一百年奋斗目标如期实现，平安中国建设扎实推进；中国国际地位和影响进一步提高，在全球治理中发挥更大作用[①]。分析上述战略部署和全面安排，可以看到全面建设社会主义现代化国家的实践路径和脉络：2035 年基本实现社会主义现代化→21 世纪中叶全面建成社会主义现代化强国：当前 5 年主要目标＝"经济高质量发展，科技自立自强，新发展格局和现代化经济体系"＋"改革开放，国家治理体系和治理能力现代化，市场经济体制"＋"全过程人民民主，法治体系"＋"精神文化生活，民族凝聚力和中华文化影响力"＋"居民收入增长和经济增长，劳动报酬提高与劳动生产率提高，基本公共服务均等化，社会保障体系"＋"人居环境，美丽中国建设"＋"国家安全，建军一百年奋斗目标，平安中国建设＋国际地位和影响，在全球治理中发挥更大作用"。其实践的逻辑脉络是：社会主义→现代化

---

① 习近平 . 高举中国特色社会主义伟大旗帜 为全面建设社会主义现代化国家而团结奋斗：在中国共产党第二十次全国代表大会上的报告 . 北京：人民出版社，2022：25.

强国→"五位一体"总体布局→"四个全面"战略布局→重大领域（军队、外交、安全）。这意味着，在具体实践推进中，需要明确如下问题：谁来保证社会主义方向，怎么全面建成社会主义现代化强国，"五位一体"总体布局、"四个全面"战略布局、重大领域都是为了谁，等等。必须回答以及如何回答这些问题，是前进道路上全面建设社会主义现代化国家之"实践要求"（"五个坚持"）产生的必要性。

在这种背景下，党的二十大报告提出了前进道路上必须牢牢把握的重大原则，即"五个坚持"。这就分别回答了前进道路上的五个基本问题。就此而言，对全面建设社会主义现代化国家、全面推进中华民族伟大复兴何以自信，因为"五个坚持"科学且合规律性；何以自强，因为"五个坚持"回应人民所需，发挥历史主动，合目的性。质言之，"五个坚持"因其内在的合规律性与合目的性，而成为新时代新征程上推动"两个全面"成功实践的强大理论指引。

总之，党的二十大报告提出的五个重大原则，指明了在前进道路上的根本问题，为以中国式现代化全面推进中华民族伟大复兴战略全局提供了理论支撑。在实践中，我们一定要深入学习把握这五个重大原则，努力做到对新时代新征程全面建设社会主义现代化国家所面临的机遇、困难、风险和挑战，及其所蕴含的"是什么、干什么、怎么干"了然于胸，为完成全面建设社会主义现代化国家的战略部署打下坚实基础。

（五）系统观念：中国式现代化的五大本质特征与唯物主义辩证之特性

中国式现代化的本质特征体现了中国共产党在实现社会主义现代化问题上对辩证唯物主义和历史唯物主义的自觉运用，对社会主义价值主张的坚定坚守，对资本主义现代化的理性批判和实践超越，对全面建成社会主义现代化强国的不懈追求。其深层逻辑指向几个方面：政治逻辑——中国共产党领导的社会主义现代化的本质规定，现实逻辑——人口规模巨大的现实起点，哲学逻辑——指导中国式现代化实践的世界观和方法论，理论逻辑——新发展理念，时代逻辑——全面建成社会主义现代化强国的时代境遇。这些逻辑意味着，随着社会主义现代化强国的全面建成，中国式现代化所创造的人类文明新形态将逐步引领人类实现现代化历史进程。在人类历史长河中，基于人口规模巨大这个特殊性，世界力量中心最终将转移到中国，全球现代化进程将发生革命性转向；基于对西方现代化的批判和超越，扎根于21世纪中国的科学社会主义将逐步主导人类实现现代化历史进程，这是历史的必然、世界的选择。

"中国式现代化，是中国共产党领导的社会主义现代化，既有各国现代化的共同特征，更有基于自己国情的中国特色。"[①]党的二十大报告提出的这一论断，体现的是对中国式现

[①]　习近平．高举中国特色社会主义伟大旗帜 为全面建设社会主义现代化国家而团结奋斗：在中国共产党第二十次全国代表大会上的报告．北京：人民出版社，2022：22.

代化的性质、方向的界定及其本质特征的分析。其性质、方向包括两个规定性，即"中国共产党领导的"和"社会主义现代化"。本质特征是两个层次，即"共同特征 + 中国特色"。中国式现代化之为"现代化"，必须遵循人类实现现代化的一般规律；中国式现代化之为"中国特色社会主义"，自然具有其本质特征。这种本质特征共有五个方面（其中蕴含着现代化的一般性），具体内容是：中国式现代化是人口规模巨大的现代化，是全体人民共同富裕的现代化，是物质文明和精神文明相协调的现代化，是人与自然和谐共生的现代化，是走和平发展道路的现代化[①]，简称"五大特征"。综合来看，性质规定和中国特色，前者是根源性的，后者是基于根源而衍生出来的，在一定意义上，二者就是对中国式现代化的本质特征的基本概括。

1. 五大特征的内在关联：自然先赋—社会主义内在要求—三对辩证关系（"物质－精神""人类－自然""中国－世界"）

中国式现代化有五大特征，从现实针对性看，它们分别指向：人口规模的自然先赋、社会主义内在要求、物质文明与精神文明的关系、人与自然的关系、中国发展和世界发展的关系五个方面。分类说，主要有三个基本点：自然先赋、社会主义

---

① 习近平. 高举中国特色社会主义伟大旗帜 为全面建设社会主义现代化国家而团结奋斗：在中国共产党第二十次全国代表大会上的报告. 北京：人民出版社，2022：22–23.

内在要求、三对辩证关系，三者之间是一种先天既定条件、社会主义价值追求、社会辩证发展的内在关联。可以说，中国式现代化的五大特征体现的是一种"中国式现代化的现实起点—社会主义内在要求—中国共产党在实现现代化进程中对辩证唯物主义和历史唯物主义的自觉运用"逻辑关系。

首先，关于中国式现代化的现实起点。党的二十大报告强调："我国十四亿多人口整体迈进现代化社会，规模超过现有发达国家人口的总和，艰巨性和复杂性前所未有，发展途径和推进方式也必然具有自己的特点。"①直接来看，我国人口规模巨大，超过现有发达国家人口的总和，这是中国式现代化的现实前提，是中华民族的先赋条件。这种独特性，无论是从横向全球来看还是从纵向历史来看，都是绝无仅有的。这就带来两个问题：一是基于这种起点的现代化，没有先例可以直接参考，中国需要自己探索新途径和新方式；二是基于这种人口规模巨大的现代化，其体量超大，结构复杂，意味着在现代化转型中所遇到的问题、难题也非同一般，这就对中国实现现代化提出了非常高的要求。简单来说，中国人口规模巨大的这种特殊的社会条件，本身就决定了中国式现代化仅仅学习西方现代化的一般性规律是不够的。注重特殊性，充分发挥亿万人民的创造伟力并开拓新路径、新方式（或新范式），才是中国式现

---

① 习近平. 高举中国特色社会主义伟大旗帜 为全面建设社会主义现代化国家而团结奋斗：在中国共产党第二十次全国代表大会上的报告. 北京：人民出版社，2022：22.

代化的重大时代课题。历史地看，西方现代化因其自身的规模、体量、结构等方面的有限性，只能是人类实现现代化进程中的一个 1.0 版本。人类实现现代化进程中的重头戏和主体部分，只能是后来者。在此历史境遇下，中国式现代化是人类实现现代化进程中的 2.0 版本。它必然成为人类实现现代化进程的重头戏和主体部分。

其次，关于社会主义的本质要求。党的二十大报告指出："共同富裕是中国特色社会主义的本质要求，也是一个长期的历史过程。"报告强调，要"着力维护和促进社会公平正义，着力促进全体人民共同富裕，坚决防止两极分化"[①]。其中包含的基本点有三个：（1）这是中国特色社会主义的本质要求；（2）实现全体人民共同富裕是一个长期的历史过程；（3）三个着力点，即公平正义、共同富裕、防止两极分化。具体来说，关于社会主义本质，中国共产党在对什么是社会主义、怎样建设社会主义这个首要时代课题的回答中作出了重要概括，即"社会主义的本质，是解放生产力，发展生产力，消灭剥削，消除两极分化，最终达到共同富裕"[②]。这一论断内含了三个规定性：生产力层面，解放和发展生产力；生产关系层面，消灭剥削，消除两极分化；根本目标（任务）层面，最终达到共同富裕。其中，最终达到共同富裕是应该完成的目标，本质上是

---

① 习近平.高举中国特色社会主义伟大旗帜 为全面建设社会主义现代化国家而团结奋斗：在中国共产党第二十次全国代表大会上的报告.北京：人民出版社，2022：22.

② 邓小平.邓小平文选：第 3 卷.北京：人民出版社，1993：373.

社会主义的价值要求。在直接现实性上，因为这一要求是目标性的，具有"最终达到"之意蕴，所以具有过程性，是一种过程和结果的统一体。在具体实践上，实现全体人民共同富裕，要注意三点：共同富裕是方向，公平正义是主线，防止两极分化是底线。在这个意义上，实现全体人民共同富裕，就是要牢牢把好方向，紧紧握住主线，警惕不能破底线。

最后，关于中国共产党在实现现代化进程中对辩证唯物主义和历史唯物主义的自觉运用。党的二十大报告围绕"物质文明与精神文明""人与自然""中国发展与世界发展"三对关系，强调要辩证处理各自之间的关系，要摒弃西方现代化所暴露出来的弊病，要选择站在历史正确和文明进步的一边[①]。从逻辑上说，体现出中国共产党对人类现代化进程中"物质与精神—人与自然—中国与世界"三个核心关系问题的辩证思考和历史考量。从现代化一般性来看，上述三个核心关系问题具有普遍性，无论是先发现代化国家还是后发现代化国家，都要面对和回应。先发现代化国家对上述问题的回应不够理想，人的需求异化、环境受到污染、殖民战争频发等问题说明西方现代化已走入死胡同。作为后发现代化国家的中国，面临两种选择：或者重走西方现代化的老路，或者开辟新路。中国选择了后者，

---

① 报告中的关键内容为："物质富足、精神富有是社会主义现代化的根本要求。物质贫困不是社会主义，精神贫乏也不是社会主义"，"人与自然是生命共同体"，"我们坚定站在历史正确的一边、站在人类文明进步的一边，高举和平、发展、合作、共赢旗帜，在坚定维护世界和平与发展中谋求自身发展，又以自身发展更好维护世界和平与发展"。

中国不走一些国家通过战争、殖民、掠夺等方式实现现代化的老路，辩证和历史地处理物质与精神、人与自然、中国与世界的关系，努力实现物质文明和精神文明相协调、人与自然和谐共生，走和平发展道路。

总之，关于中国式现代化的特征，可以这样理解：第一，它分别指向人口规模的自然先赋、社会主义的本质要求、物质文明与精神文明的关系、人与自然的关系、中国发展和世界发展的关系五个方面。第二，五个方面中内含三个基本点：自然先赋性、社会主义内在要求、三对辩证关系。第三，三个基本点之间是一种"先天既定条件—社会主义价值追求—后发式现代化辩证发展"的逻辑关联。总体上，中国式现代化体现了中国共产党在现代化问题上对辩证唯物主义和历史唯物主义的自觉运用、对社会主义价值主张的坚定坚守、对资本主义现代化的理性批判和现实超越。

在此基础上，我们要进一步从学理上对五大特征的深层意蕴进行分析，即我们要追问，在归根究底的意义上，中国式现代化的本质特征是怎么生成的？体现了什么样的逻辑？

2. 五大特征的深层意蕴：政治逻辑—现实逻辑—哲学逻辑—理论逻辑—时代逻辑

党的二十大报告对中国式现代化的本质特征表述为："中国式现代化，是中国共产党领导的社会主义现代化，既有各国现代化的共同特征，更有基于自己国情的中国特色。"①该论断内含"性质方向＋共同特征＋中国特色"之结构。从性质方向而言，中国式现代化是"中国共产党领导的社会主义现代化"，这决定了中国式现代化的社会主义本质；从共同特征而言，在商品经济历史阶段，中国经济社会发展所展开的从自然经济历史阶段向商品经济历史阶段转型的过程及结果，与全球现代化或世界各国现代化具有共同特征；从中国特色而言，中国式现代化具有特殊性。总体上，社会主义性质方向规定是根源，说明中国式现代化源自社会主义，源自中国的社会主义，源自中国特色社会主义；共同特征是共性，是基于共性上的人类实现现代化的一般规律来说的；中国特色是个性，是基于中国国情而生成的。性质具有根源性，共性和个性具有衍生性。在这个意义上，"中国共产党领导的社会主义现代化＋基于自己国情的中国特色"，构成中国式现代化的本质特征之内涵。换言之，中国式现代化的本质特征是如何生成的，可概括为：社会主义的根源→基于中国国情的中国特色的衍生（相应的衍生点分别是：世界观和方法论、现实起点、新发展理念、建设现代化强国的时代境遇）。社会主义的根源性，决定了中国式现代化的本质特征具有政治逻辑；中国特色的衍生性和各个衍生点决定了中国式现代化具有现实逻辑、哲学逻辑、理论

---

① 习近平.高举中国特色社会主义伟大旗帜 为全面建设社会主义现代化国家而团结奋斗：在中国共产党第二十次全国代表大会上的报告.北京：人民出版社，2022：22.

逻辑、时代逻辑。简言之，关于中国式现代化的五大特征，可以从政治、现实、哲学、理论、时代之逻辑五个方面进行深入理解。

第一，五大特征的政治逻辑，是中国共产党领导的社会主义现代化。这一逻辑，内在要求中国式现代化应是全体人民共同富裕的现代化，是物质文明和精神文明相协调的现代化，是人与自然和谐共生的现代化，是走和平发展道路的现代化。何以如此？从生成论视角看，事物的性质具有根源性，它注重的是事物之所以成其为这一事物的根据。五大本质特征的政治逻辑，本质上是中国式现代化的性质之规定。从性质上看，这一规定具有两个基本点：中国共产党领导和社会主义。前者是中国式现代化的领导主体，后者是中国式现代化的方向、路径归属。领导主体意味着，中国共产党是一个具有高度先进组织性的政党，具有科学的世界观和方法论并善于用其指导实践，具有极强的领导和社会动员能力，并以此团结和带领全国各族人民勇毅前行。在中国式现代化实践中，这集中表现在对西方现代化老路的批判和摒弃，对后发式现代化道路的开辟和拓展上，聚焦于对"物质文明和精神文明、人与自然、中国和世界"三大关键关系的辩证处理，体现了对辩证唯物主义和历史唯物主义的自觉运用。社会主义的本质要求是"最终达到共同富裕"，这意味着实现全体人民共同富裕是中国式现代化的基本价值追求。

第二，五大特征的现实逻辑是人口规模巨大。因为人口规模巨大,所以必须实现全体人民共同富裕,使物质文明和精神文明相协调,促进人与自然和谐共生,走和平发展道路。现实逻辑的本质是直接现实性,它具有两个基本点:中国式现代化的自然先赋性和社会约束性。自然先赋性意味着,中国式现代化的实践前提无可选择,人口规模巨大不可改变,中国式现代化只能从此开端。在这个意义上,人口规模巨大是中国式现代化的现实起点。社会约束性意味着,这种现实起点、这种不可改变,对中国式现代化的推进和目标设置提出了更高要求。具体说,因为人口规模巨大,所以先发的西方现代化的"两极分化、精神贫乏、破坏自然、殖民掠夺"这种负面性,对中国来说就是灾难,这就对中国式现代化的底线提出特别要求,即中国现代化已经没有任何可能走西方现代化的老路了,此路不通了。中国式现代化只能也必须开辟出新路。中国式现代化必须不同于西方现代化,而且必须超越西方现代化。

第三,五大特征的哲学逻辑是"主主平等"。它强调的是"主体际平等",批判并超越"主客二分"的哲学思维。中国式现代化区别于又高于西方现代化。西方现代化以两极分化、单向度发展、掠夺自然和殖民扩张为本质特征,其哲学基础是"主统治客",基于的是一种"主客二分"范式;中国式现代化则以人口规模巨大、全体人民共同富裕、物质文明和精神文明相协调、人与自然和谐共生、走和平发展道路为本质特征,其哲学基础是"主主平等",基于的是一种"主体际平等"范式。中国式现代化区别于西方现代化,为人类实现现代化提供了具有光明前景的新的选择。何以如此？源于两种现代化背后的哲学范式不同。一般来说，哲学的核心是世界观和方法论，中国共产党在新时代形成了科学的世界观和方法论，这决定了中国式现代化具有自己的哲学逻辑。从历时性上看，中华优秀传统文化的精华强调的是"主体际"思维，即从小主体、大主体、更大主体等层层扩展这样的思维方式去看待世界，反映在实践和日常生活上，就是"修身、齐家、治国、平天下"之本质是同构的，扫一屋即可扫天下、治大国若烹小鲜等，现象种种，本质相同，体现的是对主体与主体之间关系和境遇平等的关注。马克思主义思想精髓强调的是基于实践的"主体—客体"的对立统一和有机融合，也蕴含着对人类解放的主体之间和境遇平等的关注。强调"两个结合"的新时代中国共产党人的世界观和方法论，同样如此，它聚焦"人民至上、自信自立、守正创新、问题导向、系统观念、胸怀天下"，注重为人类谋进步、为世界谋大同，反映出对主体性的关注，对"人民—中国—世界—天下"的青睐。从共时性上看，西方现代化的世界观和方法论建立在"主客二分"的底层逻辑上，强调的是人类中心主义，偏向对对象世界、"客体"（工人、自然、未开化世界等）的占有、掠夺、征服和改造。因其负面性明显，所以形成了西方现代化的世界性困境。而中国式现代化，在反思和批判上述困境的基础上，立足中华优秀传统文化精华之根，继承马克思主义思想精髓之本，依据中国共产党执政理念之基，创新于新时代伟大实践，形成了一种"主主平等"的哲学范式。这就是五大特征的哲学逻辑之基本含义。

第四，五大特征的理论逻辑是新发展理念。贯彻新发展理念是我国发展壮大的必由之路，这是我们长期探索和实践得出的至关紧要的规律性认识。理念是行动的先导。在这个意义上，五大特征实际上就是贯彻新发展理念的本质要求。具体说，创新发展可以破解人口规模巨大的现代化的短板（难题），彰显人口规模巨大的优势。中国式现代化的特点是人口多、起点低、难度大，其艰巨性、复杂性前所未有，发展途径和推进方式之独特性前所未有。在这种情境中要破解难题，唯有在中国共产党坚强领导下，充分发挥亿万人民的创造伟力。协调发展，缘起于新时代背景下我国发展的不充分不平衡，其中，物质和精神的不平衡具有根本性，因此，中国式现代化实践要求物质文明和精神文明相协调，具有现实针对性。绿色发展，直接针对生态环境问题，主要聚焦人与自然的关系，中国式现代化在扬弃西方现代化的同时，更关注人与自然和谐共生。开放发展，直接针对中国与世界的关系，强调的是中国发展的世界眼光和天下胸怀。在实践上，我们追求的最高目标，就是世界和平发展、合作共赢，即走和平发展道路。共享发展，即发展的价值诉求，源于社会主义的本质要求，在实践上就是要实现全体人民共同富裕。

第五，五大特征的时代逻辑是"强国时代"。社会存在决定社会意识，为人类实现现代化提供新的选择的时代背景，决定了中国式现代化的目标追求及实质，就是把我国全面建成社会主义现代化强国。从目标追求上看，五大特征蕴含着未来五大方向之强：（1）规模巨大，预示着全面建成社会主义现代化强国之后的现代化体量、能量与结构、贡献之强；（2）共同富裕，预示着全面建成社会主义现代化强国之后的人民之强、劳动者群体之强；（3）协调发展，预示着全面建成社会主义现代化强国之后的人的全面发展之强；（4）和谐共生，预示着全面建成社会主义现代化强国之后的生态文明之强；（5）和平发展，预示着全面建成社会主义现代化强国之后的中华民族之强。从实质上看，五大特征的时代逻辑意味着：随着中国式现代化的逐步完成，中国逐步走近世界舞台中央，基于中华民族载体的中国式现代化及其创造的人类文明新形态将逐步引领人类实现现代化进程。

　　总之，关于中国式现代化五大特征的深层逻辑，体现为五个方面，即政治逻辑、现实逻辑、哲学逻辑、理论逻辑、时代逻辑。它们分别指向中国式现代化的几个方面：政治逻辑——社会主义的本质规定；现实逻辑——人口规模巨大的先赋条件成为中国式现代化的现实起点；哲学逻辑——指导中国式现代化实践的世界观和方法论；理论逻辑——贯彻新发展理念；时代逻辑——全面建成社会主义现代化强国，为人类实现现代化提供新的选择的时代境遇。总体上，这些逻辑意味着，中国将逐步走近世界舞台中央，中国式现代化及其创造的人类文明新形态将逐步引领人类实现现代化进程。

3. 中国式现代化在人类历史长河中的深远历史意义：人类实现现代化进程的革命性转向与创造人类文明新形态的历史必然性

深入地看，中国式现代化的本质特征，实质上是对中国式现代化内涵的具体界定，是中国式现代化实践的基本框架图（体现为"现代化的起点—社会主义价值追求—三对辩证关系"主体结构）。该框架图与中国式现代化的九条本质要求（体现为"总体规定—'五位一体'规定—共同体规定"基本结构，实质上是中国式现代化在实践上的目标愿景）一起，共同构成中国式现代化实践的行动指南。二者之间，框架图具有基础性、方向性、指导性意义，对后者（九条本质要求）起决定性作用。在这个意义上，深入探讨中国式现代化在人类历史发展长河中到底具有什么历史意义，关键是分析上述框架图。

从共时性上看，该框架图的三个基本点（现代化的起点—社会主义价值追求—三对辩证关系）都具有特殊意义。这些特殊意义可从两个层面来理解：第一个层面是仅仅就中国来说，人口规模巨大和实现全体人民共同富裕，二者对世界的影响主要在哪里？第二个层面是与西方现代化比较，中国式现代化在解决两极分化、人的单向度发展、破坏自然环境、殖民扩张等重大问题上，实现了质的突破，创造了人类文明新形态，这又将对世界带来怎样的影响？

首先，人口规模巨大将在"市场需求"和"人力资源"两个层面影响世界现代化发展进程。在商品经济历史阶段，人口这个因素具有特殊的市场经济内涵，主要体现在两个方面。一个方面是，人口规模大，意味着市场主体的需求量大，在一定条件下，主体需求即潜在或者现实的市场需求。就此而言，人口规模大，意味着中国在实现现代化过程中，市场本身具有规模优势。另一个方面是，人口规模大也就是人力资源丰富。在当今时代，人力资源具有两个层次，即劳动力和人才。在中国实现现代化过程中，按照党的二十大关于中国式现代化的战略部署，特别突出教育、科技、人才这三个方面。这就意味着，在中国实现现代化过程中，人口规模巨大这一优势，主要聚焦于人力资源，尤其是人才资源（优势）的培育、开发上。综合市场规模优势和人才优势两个方面，可以预见，随着中国式现代化的持续推进，全球市场交换和全球人才竞争的重心都将逐步向中国转移和聚焦。这意味着，在当今时代正在进行"世界力量中心转移"的世界历史进程中，中国将成为最终目的地，这已成为一种事实上的和必然的走向。一言以蔽之，因人口规模巨大这个特殊性，在人类实现现代化历史进程中，"世界力量中心转移"最终将朝着中国而来。届时，人类实现现代化历史进程将发生革命性转向。

其次，全体人民共同富裕将会使社会主义在全球具有影响力，立足于中国舞台的科学社会主义将在全球产生巨大的示范效应。总的来说，现代化国家在过去的历史进程中，以其20%的世界人口创造了全球80%的财富，推动了人类历史的巨大进步。与此同时，世界 80% 的人口还处于非现代化阶段。这意味着就全球而言，两极分化是一个不争的事实。作为后发现代化国家，中国以"实现全体人民的共同富裕"为价值追求，坚持社会主义道路，放眼世界，胸怀天下，以"五位一体"为总体布局，强调物质与精神相协调、人与自然和谐共生、中国与世界和平发展，实施两步走战略，15 年一步，用 30 年时间完成全面建成社会主义现代化强国目标。可以说，到 21 世纪中叶，全面建成社会主义现代化强国的中国，将以对西方现代化所曾带来的社会两极分化、人的单向度发展、生态恶化、霸权欺凌的彻底摒弃和改变，将以对人类实现现代化历史进程所形成的全体人民共同富裕、人的全面发展、人与自然和谐共生、世界和平发展的新的时代图景，在全球范围内形成强大的吸引力和凝聚力。一言以蔽之，到那个时候，经过历史比较后的中国式现代化将在全球获得巨大认同，基于这种认同，扎根于 21 世纪中国的科学社会主义也将在全球产生巨大示范效应。完全可以预见，届时，科学社会主义将逐步主导人类实现现代化的历史进程。这是历史的必然，也是人类实现现代化的新的选择。

从历时性上看，中国式现代化具有后发优势，它立足当下，可以对先发现代化及其成就和失误进行反思和批判，同时也可以对人类未来实现现代化的走向进行前瞻性思考。这种历史际遇，决定了中国式现代化在人类历史的宏大进程中大有可为。对此，我们可以从两个方面进行评估：

一是看中国式现代化对先发现代化即西方现代化负面性的反思和批判。从中国式现代化的特殊性来看，这种反思和批判主要体现在 4 个方面：针对西方现代化所带来的社会两极分化，强调全体人民共同富裕；针对西方现代化所带来的精神颓废和基于工业化的人的单向度发展，强调物质文明和精神文明协调发展，聚焦人的全面发展；针对生态恶化和先污染后治理的困境，强调人与自然和谐共生，提出生态文明建设新维度；针对殖民掠夺、强权政治、霸权欺凌，强调共建开放、包容、普惠、平衡、共赢的新型国际关系，聚焦走和平发展道路。在实践上，党的二十大报告提出"促进世界和平与发展，推动构建人类命运共同体"主张，强调"坚持对话协商，推动建设一个持久和平的世界；坚持共建共享，推动建设一个普遍安全的世界；坚持合作共赢，推动建设一个共同繁荣的世界；坚持交流互鉴，推动建设一个开放包容的世界；坚持绿色低碳，推动建设一个清洁美丽的世界"[①]。应该说，这是中国式现代化立足中国、放眼世界、胸怀天下，对西方现代化所要进行的全面性超越。

二是看中国式现代化对人类实现现代化方向的前瞻性思考和主动担当。前瞻性思考，主要体现在中国共产党对现代化方向的选择上。党的二十大报告强调，要"坚定站在历史正确的

① 习近平.高举中国特色社会主义伟大旗帜 为全面建设社会主义现代化国家而团结奋斗：在中国共产党第二十次全国代表大会上的报告.北京：人民出版社，2022：60，62-63.

一边、站在人类文明进步的一边",要"在坚定维护世界和平与发展中谋求自身发展,又以自身发展更好维护世界和平与发展"①。这里突出了两个基本点:(1)根据什么去做?按照历史规律去做,顺应人类文明发展的趋势去做,体现的世界观和方法论是"守正创新和人民至上相统一"。(2)如何去做?在世界发展中谋求中国发展,通过中国发展维护世界发展,体现的世界观和方法论是"自信自立和胸怀天下相统一"。关于主动担当,集中体现在中国共产党对中国式现代化在实践目标上的愿景设计中,即九条本质要求②。这些要求从实质上可归结为三个指向:总体性指向(中国共产党领导和中国特色社会主义)、"五位一体"指向(经济建设、政治建设、文化建设、社会建设、生态文明建设)、共同体指向(构建人类命运共同体,创造人类文明新形态)。可以看到,在三个指向中,前两个是方向性和举措性的内容,第三个是对历史进程形成规律性认识的内容。在第三个指向中,又有两个层次之分别。构建人类命运共同体是关于参与全球治理体系改革和建设的主张,具有直接现实性;创造人类文明新形态,是关于人类历史发展趋势的深层次思考和自觉担当,具有深远的历史意义。应当说,

---

① 习近平.高举中国特色社会主义伟大旗帜 为全面建设社会主义现代化国家而团结奋斗:在中国共产党第二十次全国代表大会上的报告.北京:人民出版社,2022:23.

② 中国式现代化的本质要求是:坚持中国共产党领导,坚持中国特色社会主义,实现高质量发展,发展全过程人民民主,丰富人民精神世界,实现全体人民共同富裕,促进人与自然和谐共生,推动构建人类命运共同体,创造人类文明新形态。

随着社会主义现代化强国的全面建成，基于中国式现代化对西方现代化的批判和超越，基于中国社会主义获得广泛的世界性认同，中国式现代化创造的人类文明新形态所包含的中国式内涵和社会主义底蕴，将依靠社会主义"现代化强国"这一载体，成为全球舞台上的新景象、新方向。可以这样说，今天中国共产党提出"创造人类文明新形态"，表达的是历史自觉，体现的是历史主动，到了那个时候，中国式现代化就是回首过去已经成功创造的第一个成果，也是面向未来继续进行伟大创造的标志性开端。

总之，关于中国式现代化及其本质特征，可以这样作结：第一，从内容上看，它体现了中国共产党在现代化问题上对辩证唯物主义和历史唯物主义的自觉运用、对社会主义价值主张的坚定坚守、对资本主义现代化的理性批判和实践超越。第二，其深层逻辑意味着，中国将逐步走近世界舞台中央，中国式现代化所创造的人类文明新形态将逐步引领人类实现现代化历史进程。第三，在人类历史长河中，基于人口规模巨大这个特殊性，"世界力量中心转移"最终朝着中国而来，人类实现现代化的历史进程将发生革命性转向；基于对西方现代化的批判和超越，扎根于21世纪中国的科学社会主义将逐步主导人类实现现代化历史进程，这是历史的必然，是人类实现现代化新的选择。当然，这是一个历史过程，需要付出相当艰辛的努力！

（六）胸怀天下：中国式现代化的强国逻辑及其对 21 世纪的深远影响

中国式现代化具有鲜明的"强国逻辑"，体现为"全面建成社会主义现代化强国→实现中华民族伟大复兴→为人类谋进步、为世界谋大同、为人类实现现代化提供新选择→创造人类文明新形态"的梯次结构。在内涵上，它指向国家强大即实现强起来，预示着随着社会主义现代化强国的全面建成，中华民族开始走近世界舞台中央。从深层次看，强国逻辑意味着，"东升西降"的演进是商品经济自身逻辑演进的必然结果，21 世纪马克思主义必将在未来的历史进程中崛起。在当今时代，世界力量中心的转移已经开始，并正在朝着中国走来。

在深层次上，党的二十大报告紧紧围绕"习近平新时代中国特色社会主义思想的世界观和方法论""中国式现代化"两大创新成果，分别向理论和实践两方面展开，而这两个方面的共同点是从强国奋斗目标开始，最终指向构建人类命运共同体、创造人类文明新形态。报告内容从理论和实践层面都体现出这样的共同性：全面建成社会主义现代化强国是起始目标，实现中华民族伟大复兴是历史目标，世界大同或者天下文明是归宿目标。可以说，"全面建成社会主义现代化强国→实现中华民族伟大复兴→为人类谋进步、为世界谋大同、为人类实现现代化提供新选择→创造人类文明新形态"，是党的二十大报告展现的深层逻辑，这一逻辑本质上是中国式现代化的强国逻辑。

1.强国逻辑的基本内容：全面建成社会主义现代化强国→实现中华民族伟大复兴→为人类谋进步、为世界谋大同、为人类实现现代化提供新选择→创造人类文明新形态

为论述简洁，下文把中国式现代化的强国逻辑简述为："建成强国→实现复兴→人类大同、人类现代化、人类文明"。

建成强国是起始目标，集中体现在中国共产党的中心任务[①]和"贯彻新发展理念是新时代我国发展壮大的必由之路"[②]的重大论断上。关于中国共产党的中心任务，党的二十大报告从四个方面进行了论述：第一，全面建成社会主义现代化强国；第二，全面建成富强民主文明和谐美丽的社会主义现代化强国；第三，以中国式现代化为根本路径和方式；第四，全面推进中华民族伟大复兴。这其中，第一点强调的是定性，即要建成的强国是社会主义强国，是现代化强国。"社会主义强国"，是关于方向和道路的规定；"现代化强国"，是关于历史境遇的界定，是定位于人类发展商品经济历史阶段的强国。第二点强调的是愿景，是基于现代化建设的"五位一体"总体布局对将要建成的强国的总体描述，即经济富强、政治民主、

---

① 党的二十大报告强调："从现在起，中国共产党的中心任务就是团结带领全国各族人民全面建成社会主义现代化强国、实现第二个百年奋斗目标，以中国式现代化全面推进中华民族伟大复兴。"（习近平.高举中国特色社会主义伟大旗帜 为全面建设社会主义现代化国家而团结奋斗：在中国共产党第二十次全国代表大会上的报告.北京：人民出版社，2022：21）

② 习近平.高举中国特色社会主义伟大旗帜 为全面建设社会主义现代化国家而团结奋斗：在中国共产党第二十次全国代表大会上的报告.北京：人民出版社，2022：70.

文化文明、社会和谐、生态美丽的总体图景。第三点是对强国路径的规定,强调中国式内涵,体现的是"中国—世界"之视野,即着眼于全球现代化的共同性,聚焦于中国式现代化的特殊性,落脚于现代化的中国实践和中国创造。第四点指向中华民族伟大复兴,是从国家层面向民族层面的拓展,体现的是强国视野的开放性,即"立足国家,指向中华民族",这就为后续的强国内涵继续拓展提供了空间。简言之,上述关于建成社会主义现代化强国的四点规定,具有这样的内在逻辑:定性→愿景→路径→开放。这意味着,全面把握强国逻辑,需要更宽广的视野。而关于"贯彻新发展理念是新时代我国发展壮大的必由之路"的重大论断,则主要有两个关键点:第一点,我国发展壮大的过程,本质上是全面建成社会主义现代化强国的过程;第二点,贯彻新发展理念,是全面建成社会主义现代化强国的必由之路。这里的第一点强调的是,建成强国是一个历史过程,需要按规律步步推进;第二点强调的是,贯彻新发展理念是必经之路,走这条路是由客观必然性决定的。两个关键点结合在一起,意味着在社会主义现代化强国建设实践中,贯彻新发展理念是客观要求,是中国共产党对现代化实践的一种规律性认识。

实现复兴是历史目标,主要体现在两步走战略谋划和"全面建成社会主义现代化强国"的全面部署两个方面。从两步走的战略谋划看,党的十九大报告描绘了全面建成社会主义现代化强国的宏伟蓝图,提出了两步走战略,即 15 年一步,到

2035 年基本实现社会主义现代化，到 2050 年全面建成社会主义现代化强国。在这一基础上，党的二十大报告对全面建设社会主义现代化国家作出进一步战略谋划，提出了 2035 年我国发展的总体目标，明确"经济实力、科技实力、综合国力大幅跃升，人均国内生产总值迈上新的大台阶""实现高水平科技自立自强""基本实现国家治理体系和治理能力现代化""人的全面发展、全体人民共同富裕取得更为明显的实质性进展"等目标 [①]。可以说，三力一值（经济实力、科技实力、综合国力和人均国内生产总值）、科技自立自强、国家治理现代化、人的全面发展、全体人民共同富裕等，是从"经济基础＋科技＋上层建筑＋人的发展"这些核心要素的布局上，对基本实现现代化进行了战略谋划。从全面建设社会主义现代化国家的全面部署看，党的二十大报告从第三部分到第十五部分，从中国式现代化战略部署和总体安排开始，分别围绕"五位一体"总体布局、"四个全面"战略布局，从治党治国、内政外交国防、改革发展稳定等 12 个方面进行了全面部署。不仅如此，报告还明确指出，未来五年是全面建设社会主义现代化国家开局起步的关键时期，特别强调教育、科技、人才是全面建设社会主义现代化国家的基础性、战略性支撑，全面依法治国是国家治理的一场深刻革命，国家安全是民族复兴的根基。可以说，突出强调这三个方面，充分彰显了中国共产党抓关键、补短板、

---

① 张旭东，丁小溪. 推动中华民族伟大复兴号巨轮乘风破浪、扬帆远航：党的二十大报告诞生记. 求是，2022（21）.

防风险的战略自觉和战略考量。

人类大同、人类现代化、人类文明是归宿目标，主要体现在中国式现代化的本质要求和中国共产党的天下思维天下观上。中国式现代化的本质要求，从内容上看，共九条，分三个维度，即总体性维度：坚持中国共产党领导，坚持中国特色社会主义；"五位一体"维度：实现高质量发展，发展全过程人民民主，丰富人民精神世界，实现全体人民共同富裕，促进人与自然和谐共生；共同体维度：构建人类命运共同体，创造人类文明新形态。其中，共同体维度包含的构建人类命运共同体和创造人类文明新形态，是为人类谋进步、为世界谋大同、为人类实现现代化提供新选择的目标设置。关于中国共产党的天下思维天下观，党的二十大报告提出"六个必须坚持"，本质上是习近平新时代中国特色社会主义思想的世界观和方法论，也是中国式现代化的哲学基础。首先，必须坚持人民至上，强调的是根本立场，其含义是，在当今世界"商品经济"这一历史阶段，商品背后的"人"分化为劳动者（无产阶级）和资产者（资产阶级），在这种背景下，人民至上就是劳动者至上，体现的是中国共产党对劳动逻辑的自觉选择，也体现了党的根本立场。其次，必须坚持自信自立，强调的是历史发展的立足基点，即在历史发展中，强调把发展的命运牢牢掌握在自己手中，强调解决中国的问题必须从中国基本国情出发，由中国人自己承担。综合人民至上和自信自立可见，中国共产党展现了一种天下视野，即采用经由自然经济历史阶段到商品经济历史阶段，再到产品经济历史阶段的大历史观，选择劳动逻辑，强调主体性。质言之，大历史观、劳动逻辑、主体性，体现的是世界眼光、历史视野、主体自觉三者的有机融合。基于这种融合观察世界，形成天下即一家、一家即天下的观念，构成了天下思维天下观的核心要义。最后，必须坚持胸怀天下，需要具有世界眼光，也即天下胸怀，这既是一种天下思维，同时也是一种天下观。

综合上述"建成强国→实现复兴→人类大同、人类现代化、人类文明"，可以对中国式现代化的强国逻辑作这样的概括：第一，在实践上，建成强国是立足点，是起点；人类大同、人类现代化、人类文明是归宿，是归宿性指向；实现复兴是连接二者的历史关节点。三者具有内在关联。第二，在"中国—世界"大视野中，现代化强国的建成意味着中华民族伟大复兴的实现；中华民族伟大复兴的实现意味着在全球现代化进程中，中国走到了世界舞台中央；中国强则世界强，中华兴则人类命运共同体兴，人类命运共同体兴则世界大同指日可待。这一逻辑的必然性，为人们进一步坚定社会主义信念提供了科学依据。第三，在"过去—未来"历史维度上，中国共产党一直致力于为中国人民谋幸福、为中华民族谋复兴，也一直致力于为世界谋大同、为人类谋进步；天下为公，人间正道，这是中国共产党之所以具有历史自信的最大底气所在，也是党长期执政并且团结带领人民继续前进的最大底气所在。

2. 强国逻辑的现实指称：国家强大，中华民族逐步走近世界舞台中央，中国逐步主导 21 世纪世界社会主义发展进程

从深层次看，基于中国共产党"全面建成社会主义现代化强国→实现中华民族伟大复兴→为人类谋进步、为世界谋大同、为人类实现现代化提供新选择→创造人类文明新形态"的强国逻辑，内含着这样的结构，即国家强大进程→中华民族现代化进程→21 世纪科学社会主义世界化进程。因此，我们可以在此基础上来分析中国式现代化强国逻辑的现实针对性。

从国家强大进程看，中国式现代化的强国逻辑包含了"逻辑起点、现实基点、目标要点"三个要素，表明强国实践具有逻辑自洽性和合规律性。党的十九大报告提出"三个意味着"[①]，其基本内涵是：中华民族迎来了"从站起来、富起来到强起来"的伟大飞跃，21 世纪科学社会主义聚焦到"中国特色社会主义"，中国特色社会主义拓展了发展中国家走向现代化的途径。可以说，"从站起来、富起来到强起来"这一发展趋势，是新时代我国发展的起始点，实现"强起来"是新时代中国特色社会主义的逻辑开端。党的二十大报告指出，新时代十年来，我们经历了三件大事，取得了十六个方面的重大成

---

① 党的十九大报告提出：中国特色社会主义进入新时代，意味着近代以来久经磨难的中华民族迎来了从站起来、富起来到强起来的伟大飞跃，迎来了实现中华民族伟大复兴的光明前景；意味着科学社会主义在 21 世纪的中国焕发出强大生机活力，在世界上高高举起了中国特色社会主义伟大旗帜；意味着中国特色社会主义道路、理论、制度、文化不断发展，拓展了发展中国家走向现代化的途径，给世界上那些既希望加快发展又希望保持自身独立性的国家和民族提供了全新选择，为解决人类问题贡献了中国智慧和中国方案。

就，新时代十年的伟大变革具有四个里程碑意义。特别是在三件大事中，完成脱贫攻坚、全面建成小康社会的历史任务，意味着建成社会主义现代化强国已经具备了坚实的物质基础。这是新时代新征程上，中国共产党引领亿万人民为全面建设社会主义现代化国家、全面推进中华民族伟大复兴而团结奋斗的现实基点。党的二十大报告还提出强国的目标愿景，即全面建成社会主义现代化强国、实现第二个百年奋斗目标。到新中国成立 100 年时建成富强民主文明和谐美丽的社会主义现代化强国，是强国目标的要点。简言之，党的十九大提出强国逻辑起点，新时代十年的伟大变革奠定了强大物质基础，党的二十大提出强国目标和愿景，三者有机构成了强国的逻辑起点、现实基点和目标要点。这表明，历史发展到今天，强国逻辑本身已经具有完整的链条，形成了逻辑自洽。这就为新时代新征程全面建成社会主义现代化强国的实践提供了科学依据。

党的十九届六中全会通过的《中共中央关于党的百年奋斗重大成就和历史经验的决议》指出，"党的百年奋斗开辟了实现中华民族伟大复兴的正确道路"，"用几十年时间就走完发达国家几百年走过的工业化历程"，"创造了人类文明新形态，拓展了发展中国家走向现代化的途径"[1]，等等。党的二十大报告进一步阐释了中国式现代化五大本质特征，同时，提出中国式现代化的九条本质要求和推进现代化必须牢牢把握的五个重大

---

[1] 中共中央关于党的百年奋斗重大成就和历史经验的决议．北京：人民出版社，2021：62，63，64.

原则，明确了中国式现代化的科学内涵、目标愿景（实践要求）和根本遵循，标志着我们党对中国式现代化的认识提升到一个新的高度。这些表明，中国人追求现代化已经经历了近代以来的艰难探索、中国共产党的历史自觉和新时代以来的不可逆转的进程，进入以中国式现代化全面推进中华民族伟大复兴的阶段，中国共产党人对于推进现代化的认识已经成为一种规律性认识，党领导人民从事的现代化事业进入"具有主体自觉和发挥历史主动"的新阶段。可以预见，新时代新征程上，基于面向未来五年的乘势而上，中国实现现代化的历史进程一定会呈现出放眼世界、强势而为的态势。据此可以判断，中国实现现代化的进程将展示出一种"艰难探索、历史自觉、不可逆转、乘势而上、强势而为"的基本脉络。中华民族伟大复兴取得历史性成就，既进入了不可逆转的历史进程，也进入了乘势而上、确保中华民族伟大复兴不被迟滞甚至打断的关键时期，我国发展面临新的战略阶段[①]。

从世界科学社会主义发展进程看，强国逻辑包含了"'中国—世界'、'世界怎么了，我们怎么办'"的天下思维天下观，具有世界观和方法论意义。如何从哲学高度对时代之变作出合规律性和合目的性的回应，需要一种新世界观和新方法论。新世界观，就是在坚持历史唯物主义的基础上，立足当今时代新的历史境遇，提供一种观察世界的框架；新方法论，就是在坚

---

① 张旭东，丁小溪. 推动中华民族伟大复兴号巨轮乘风破浪、扬帆远航：党的二十大报告诞生记. 求是，2022（21）.

持辩证唯物主义的基础上，有效应对时代之变，提供"怎么办"的认知方式。党的十九届六中全会在总结中国共产党百年奋斗的历史经验时，强调"党和人民事业是人类进步事业的重要组成部分"①，体现出"中国—世界"的观察视野，即立足中国、着眼世界、胸怀人类。可以说，这是结合中华优秀传统文化并继承马克思主义人类解放之精髓的天下思维天下观的雏形。党的十九届六中全会强调指出，中国共产党一直致力于完成自己的初心使命，一直坚持立足中国、着眼世界、胸怀天下，并明确向世界宣示："既为中国人民谋幸福、为中华民族谋复兴，也为人类谋进步、为世界谋大同，以自强不息的奋斗深刻改变了世界发展的趋势和格局。"② 这些表明，中国共产党人紧紧围绕"世界怎么了，我们怎么办"这一重大时代课题进行理性思考。应该说，关于"四为四谋"的重大论断，形成了一种世界眼光、全球视野和天下胸怀，新世界观和新方法论的提出已经呼之欲出。党的二十大报告提出："继续推进实践基础上的理论创新，首先要把握好新时代中国特色社会主义思想的世界观和方法论，坚持好、运用好贯穿其中的立场观点方法"，并提出"六个必须坚持"，即必须坚持人民至上，必须坚持自信自立，必须坚持守正创新，必须坚持问题导向，必须坚

---

①② 中共中央关于党的百年奋斗重大成就和历史经验的决议. 北京：人民出版社，2021：64.

持系统观念，必须坚持胸怀天下 ①。至此，"六个必须坚持"以其"本源性即根本立场、立足基点（人民至上＋自信自立）、方法性（问题导向＋守正创新＋系统观念）、世界性（胸怀天下）"的基本内涵和总体框架，完成了对新时代新征程上新世界观和新方法论的建构。在这个意义上，习近平新时代中国特色社会主义思想的世界观和方法论为中国式现代化的强国逻辑提供了强大的哲学支撑。

综合以上三个方面，可以这样概括中国式现代化的强国逻辑：第一，在结构上，它包含了"逻辑起点、现实基点和目标要点"这一要素框架，本身具有逻辑的自洽性，为强国实践提供了科学性支撑。第二，在趋势上，它包含了"艰难探索、历史自觉、不可逆转、乘势而上、强势而为"五个环节，预示着强国实践将迎来强势而为的新阶段。在21世纪，科学社会主义将主导全球现代化进程，这是大势所趋，不可阻挡。当然，逻辑上的必然性并不等于直接现实性，立足当前中国实际，21世纪的科学社会主义前景光明。同时，我们也要认识到，西方资本主义体系依然强大，我们的国家建设还有很多短板。第三，在世界观和方法论上，它包含了"'中国—世界'、'世界怎么了，我们怎么办'"的天下思维天下观，贯穿着习近平新时代中国特色社会主义思想的立场观点方法。

---

① 习近平. 高举中国特色社会主义伟大旗帜 为全面建设社会主义现代化国家而团结奋斗：在中国共产党第二十次全国代表大会上的报告. 北京：人民出版社，2022：18-21.

3. 强国逻辑的历史意蕴：世界力量中心转移与 21 世纪科学社会主义崛起

全面把握中国式现代化的强国逻辑，除了分析其现实指称，还要考虑其解释语境，即它是在什么样的历史境遇中提出来的，以及应该在什么样的历史语境中去理解？

从历史境遇看，中国式现代化的强国逻辑的生成具有逻辑和实践两个层面的背景。在逻辑上，建成强国是发生在人类商品经济历史阶段的重大历史事件，商品经济的内在规定性是强国逻辑得以生成的底层支撑；在实践上，新时代建成社会主义现代化强国，植根于世界力量中心发生转移这一基本历史大势，"世界力量中心从欧美转向亚洲"这一宏观走向是强国实践的现实背景。

首先，关于商品经济的基本规定性及基于这种规定的强国逻辑的演进趋势。马克思在《资本论》中指出："资本主义生产方式占统治地位的社会的财富，表现为'庞大的商品堆积'，单个的商品表现为这种财富的元素形式。因此，我们的研究就从分析商品开始。"① 人类社会从自然经济历史阶段进入商品经济历史阶段，商品交换成为主导的交换方式。商品交换的背后事实上存在两种类型的"人"：一种是拥有生产资料的人，即资产者；另一种是没有生产资料的人，即劳动者或者无产者。人类社会之所以形成这样的分化，根源在于商品交换的

---

① 马克思，恩格斯. 马克思恩格斯文集：第 5 卷，北京：人民出版社，2009：47.

内在规定性。具体说，在商品交换中，隐藏着两个内在要求：其一，人必须通过交换才能生存发展；其二，人在交换中只有两种诉诸交换的元素，或者是"身外之物"（生产资料、劳动产品等），或者是"身内之物"（体力、脑力等）。上述要求决定了具体的商品交换过程中人们之间的生产关系和社会关系，并进而决定了相应的社会结构体系。一般来说，拥有"身外之物"的人，会优先用"身外之物"进行交换。在这里，因为有"身外之物"，所以就优先选择"身外之物"与他人进行交换，这种基于"因为……所以……"的外部性交换的优先性，是资本最本源的属性。通俗地说，资本归根结底是"用'身外之物'与他人进行交换"。在此基础上，拥有"身外之物"的人就是资产者，进而发展为资产阶级。该阶级强调资本优先、资本至上，奉行资本主义，这就是资本的逻辑。同样的道理，没有"身外之物"而只有"身内之物"的人，在逻辑上，当然只能"优先"用"身内之物"进行交换，强调劳动优先、劳动至上，在这里，基于"没有……只有……"而只能用"身内之物"进行交换（出卖劳动力商品）的内部交换性，是劳动最本源的属性。具有这种交换性的人，就是劳动者或者无产者，进而形成无产阶级。该阶级强调劳动至上，追求的是社会主义和共产主义，这就是劳动逻辑的要义。由此可见，在商品经济历史阶段，商品经济具有两个基本规定性：一是在共时性上，该阶段存在两种核心逻辑即资本逻辑和劳动逻辑，前者选择资本主义发展道路，后者选择社会主义发展道路；二者之间的博弈是一

种"非 A 即 B"的二选一模式，即在全球现代化实践中，每
个国家或者选择资本主导的逻辑，或者选择劳动主导的逻辑，
没有第三种选项。二是在历时性上，两种逻辑都依存于商品交
换，只要商品交换存在，资本和劳动的矛盾就存在，只有商品
交换消失，二者的博弈才会终结。在这个意义上，资本和劳动
的对立统一具有历时性，即它因商品交换的产生而产生，伴随
其存在而存在，也将因商品交换的消失而消失。基于此，可以
得出如下结论：第一，强国逻辑在本质上属于劳动逻辑体系，
在实践上属于 21 世纪科学社会主义。资本和劳动之间"非 A
即 B"的博弈性意味着，随着劳动逻辑的上升，资本逻辑必然
下降，"东升西降"是商品经济自身逻辑演进的必然走向。第
二，随着中国社会主义现代化强国的建成，因其现代化的特殊
性，特别是 14 亿多人口的规模效应及巨大影响，当代中国马
克思主义、21 世纪的科学社会主义将会逐步主导全球现代化
进程。一则是"东升西降"的大势所趋，二则是 21 世纪科学
社会主义对全球现代化的积极主导，可以说，当代中国马克思
主义、21 世纪马克思主义必将在未来的商品经济历史进程中
崛起。一言以蔽之，21 世纪马克思主义的崛起，具有逻辑必
然性。

其次，关于"世界力量中心从欧美转向亚洲"的宏观走向
及基于这一走向的强国逻辑的实践效应。逻辑是实践的内生之
源，理论是行动的先导。把握好强国实践的内在逻辑，可以使
社会主义现代化强国实践更合规律性，进一步增强建成社会主

义现代化强国的信心。回答好时代问题，回应好人民诉求，可以获得人民的支持，经得起历史的检验。习近平强调，百年变局和世纪疫情相互交织，世界进入新的动荡变革期，世界和平与发展面临严峻挑战，外部环境更加不稳定、不确定，我国发展面临新的战略环境①。如何认识和对待这一战略环境？辩证唯物主义的基本原则是要抓住主要矛盾和矛盾的主要方面。百年变局，变量很多，从结构上看，涉及格局、利益、关系和力量，但核心是总体性和全局性之变。从总体性和全局性来看，百年变局，核心是世界力量中心之变。如何变？基本线索是世界力量中心在转移，关键点是世界科学中心在变迁。回顾历史，从16世纪至20世纪，世界科学中心发生了五次大的变迁，即意大利（1540—1610年）、英国（1660—1730年）、法国（1770—1830年）、德国（1810—1920年）、美国（1920年至今），转移周期大约为80年②。当前，科学中心正在经历第六次转移。那么，会向什么方向转移呢？从现状看，当前突出的特征是，没有一个国家占据总体的主导地位，中国、美国和欧盟都在少数几个领域处于领先地位。这意味着世界力量结构正处在调整过程中，呈现出多极化分散态势。研究显示：20世纪世界科技中心主要集中在欧美发达国家，但呈现向亚

① 张旭东，丁小溪．推动中华民族伟大复兴号巨轮乘风破浪、扬帆远航：党的二十大报告诞生记．求是，2022（21）．

② 潘教峰，刘益东，陈光华，等．世界科技中心转移的钻石模型：基于经济繁荣、思想解放、教育兴盛、政府支持、科技革命的历史分析与前瞻．中国科学院院刊，2019（1）．

洲和太平洋地区加速转移的趋势。21世纪以来，日本科技实力日渐突出，中国、巴西、印度、土耳其等新兴国家和经济体科技研发支出快速增长，在全球的研发份额占到较高比例，技术创新能力明显增强，已经成为科技创新的高度活跃地区，并对世界科技创新作出越来越大的贡献①。这表明，"世界力量中心从欧美转向亚洲"这一趋势初显端倪。党的二十大报告指出，新时代十年，"我们加快推进科技自立自强，全社会研发经费……**居世界第二位，研发人员总量居世界首位**。基础研究和原始创新不断加强，一些关键核心技术实现突破……进入创新型国家行列。"② 这意味着，在"世界力量中心从欧美转向亚洲"的趋势中，中国具有重要影响力。可以预见，随着强国实践的不断推进，中国将逐步成为"亚洲世界力量中心"的主导者。可以这样说，在"世界力量中心从欧美转向亚洲"的大走向中，在当今世界科学中心正处于进行着的第六次转移大变革中③，中国科学发展将会成为此次变迁的主角。质言之，世界科学中心的六次转移趋势是：意大利→英国→法国→德国→美国→中国。在这个意义上，社会主义现代化强国的建成，预示着"世界力量中心从欧美转向亚洲"

---

① 潘教峰，刘益东，陈光华，等.世界科技中心转移的钻石模型：基于经济繁荣、思想解放、教育兴盛、政府支持、科技革命的历史分析与前瞻.中国科学院院刊，2019（1）.

② 习近平.高举中国特色社会主义伟大旗帜 为全面建设社会主义现代化国家而团结奋斗：在中国共产党第二十次全国代表大会上的报告.北京：人民出版社，2022：8.

③ 同①14.

的完成，意味着中国正式进入世界舞台中央，基于强国建成的 21 世纪马克思主义将正式登场，引领世界社会主义的发展乃至世界现代化的发展。当然，中国的现代化强国实践是一个历史过程，严格地说，只有到了那个时候（强国建成之日起），才可以真正说中国是世界的、世界是中国的。也只有发展到那个阶段，"天下文明"之中国新话语和"世界大同"之中国新全球治理理念才会正式从中国出场。前途光明，道路也必定曲折。逻辑上的必然，使我们信心百倍；实践上的艰辛，使我们勇毅前行。

综合所述可以认为：第一，党的二十大报告体现了鲜明的中国式现代化的强国逻辑。其基本内容是"全面建成社会主义现代化强国→实现中华民族伟大复兴→为人类谋进步、为世界谋大同、为人类实现现代化提供新选择→创造人类文明新形态"四个层次，各层次之间层层递进，形成一种梯级结构。第二，在现实指向上，中国式现代化的强国逻辑指向国家强大，意味着随着现代化强国的建成，中华民族开始逐步走近世界舞台中央。第三，从深层次看，在当今时代，"东升西降"的历史演进是商品经济自身逻辑演进的必然结果、必然走向，当代中国马克思主义、21 世纪马克思主义必将在未来的商品经济历史进程中崛起，这是人类历史发展的大势。在 21 世纪，世界力量中心的转移已经开始，其核心是世界科学中心的转移。可以预见，随着中国社会主义现代化强国的全面建成，当代中国马克思主义、21 世纪马克思主义将引领世界现代化发展，届时，"天下文明"之话语和"世界大同"之理念才会正式从中国出场。当然，这需要一个历史过程，甚至可能是较长的历史过程。

二、作为新时代中华文明、人类文明新形态的一种分析框架

"六个必须坚持"的世界观和方法论，也可以用来解释和分析新时代中华文明、人类文明新形态。这里，我们按照"六个必须坚持"的学理哲理逻辑进行阐述和分析。

1. 发展新时代中华文明、人类文明新形态具有鲜明的问题意识

人类文明究竟向何处去？中国能为人类发展作出什么样的

贡献？2023 年 6 月 2 日，习近平在文化传承发展座谈会上发表讲话指出，"第二个结合"是深刻的"化学反应"，"造就了一个有机统一的新的文化生命体"，"推动了中华文明的生命更新和现代转型……发展出中华文明的现代形态"，"在新的起点上继续推动文化繁荣、建设文化强国、建设中华民族现代文明，是我们在新时代新的文化使命"①。2023 年 10 月 7 日至 8 日，中央召开全国宣传思想文化工作会议，习近平对宣传思想文化工作作出重要指示，再一次强调，要把"围绕在新的历史起点上继续推动文化繁荣、建设文化强国、建设中华民族现代文明"，作为新的文化使命②。这里，中华民族现代文明，就是"第二个结合"造就的新的文化生命体，它推动了中华文明的生命更新和现代转型，成为中华文明的现代形态，也是新时代新的文化使命。

习近平之所以去思考这样一个重大战略性问题，与他具有问题意识和坚持问题导向有关。那就是：进入 21 世纪，世界正遇百年未有之大变局，整个世界进入新的动荡变革期，处于不稳定不确定状态。之所以如此，与西方文明有关。西方文明的哲学根基是"主客二分"，这意味着"主统治客"。这种文明导致世界的对立、冲突和分裂，导致世界陷入困境。所以，习

---

① 习近平 . 在文化传承发展座谈会上的讲话 . 北京：人民出版社，2023：6，6，6，10.

② 坚定文化自信秉持开放包容坚持守正创新 为全面建设社会主义现代化国家 全面推进中华民族伟大复兴提供坚强思想保证强大精神力量有利文化条件 . 人民日报，2023-10-09（1）.

近平发出感慨:"世界怎么了、我们怎么办?"①正是在这样的场景中,习近平集中思考了文明问题、新时代中华文明问题、人类文明问题。

建设中华文明的现代形态,是中华文明的生命更新和现代转型,是我们在新时代新的文化使命。这意味着,我们应当在中国式现代化的文化形态和新时代中华文明的基础上,进一步建构起中国式现代化的理论体系和话语体系,以真正彻底解构西方中心论的理论体系和话语体系,进而破解"古今中外之争"。因而,从问题意识角度看,新时代中华文明同中国式现代化,是解构西方中心论理论体系的一把利剑,是解读世界向何处去、我们怎么办的最好答案。

笔者曾认为现在依然强调,"西方中心论"是伴随近代西方工业化、现代化、全球化与殖民扩张而提出的一个概念,是西方文艺复兴后资本主义凭借其所谓经济、政治、文化优势而向全球扩张的产物,它建立在现代化、种族、文化、文明、宗教、环境等所谓优越性基础之上;它以古希腊古罗马哲学、基督教"普世价值论"和文艺复兴为思想来源,以工业化、现代化、全球化与殖民扩张为现实支柱,是近代西欧通过文艺复兴、工业革命、宗教改革与殖民主义扩张而形成的思想体系;它产生于18世纪中后期,发展于19世纪;黑格尔、兰克、孔德、韦伯等是"西方中心论"的倡导者,黑格尔哲学为"西方中心论"作了最为精致的哲学论证,使其成为一种完备的哲学

---

① 习近平.习近平著作选读:第1卷.北京:人民出版社,2023:561.

理论形态，黑格尔将历史视为人类自由意识的进步，把普鲁士王国看作真正自由与文化的代表。"西方中心论"总体上是围绕"线性道路"、"单数文明"、"民族优越"、"天赋人权"、"社会进化"（资本主导）、"理性尺度"、"开化使命"、"美丽神话"、"普世价值"、"唯一哲学"等建构起来的，其实质是为西方资产阶级主宰世界制造历史合法性的意识形态论证。

应当肯定的是，西方文化对推进人类进步和人类文明作出了重要历史贡献。然而，正是基于这种贡献，西方国家在西方文化演进中，逐渐将其转化为"帝国文明"，并建构起"西方中心论"的理论体系和话语体系。其中，最具总体和基石意义的，就是西方"文明一元论"。"文明一元论"是一个总体性概念，表达的是一个总体性问题，它是建立在以理性和解放、自由和民主、市场和资本、市民社会和个人利益、"普世价值"和文明开化为核心理念的线性历史观基础上的。"文明一元论"常常罔顾事实，由西方作为单一主体来解释文明，把西方所解释的文明当作最高的、绝对的"唯一"，其实质就是"西方中心论"的"帝国文明观"，具有把"文明"异化为野蛮的逻辑和基因。显然，这种"文明一元论"开不出人类文明和人类文明新形态的花朵，只能长出西方资本型文化、单向度文化、殖民扩张式文化的果实。

要破除西方霸权，首要是解构"西方中心论"的理论体系和话语体系，建构起中国式现代化的理论体系和话语体系。其实质，就是要说明和论证"西方中心论"开不出人类文明和人类文明新形态的花朵，而中国式现代化、新时代中华文明却可以。

中国式现代化的理论体系和话语体系是解构"西方中心论"的利器。要解构"西方中心论"，首要的是建构中国式现代化的理论体系和话语体系。这种理论体系和话语体系可围绕"道路多样""新时代中华文明""民族特性""平等人权""人民至上""实践尺度""真理道义""全人类共同价值""人类命运共同体""普惠哲学"来建构。其中，最具总体和基石意义的，就是"新时代中华文明"，它把"道路多样""民族特性""平等人权""人民至上""实践尺度""真理道义""全人类共同价值""人类命运共同体""普惠哲学"都蕴含在其中。新时代中华文明坚持连续性和创新性相统一、统一性和包容性相统一、和平性和合作性相统一、平等性和普惠性相统一，因而能开出人类文明和人类文明新形态的花朵。

2. 新时代中华文明、人类文明新形态坚持人民至上

我们说新时代中华文明、人类文明新形态坚持人民至上，与新时代中华文明、人类文明新形态的哲学根基有关。西方文明的哲学根基是"主客二分"。这种文明是单数文明，是所谓西方主导世界、东方从属西方的文明，是所谓资本文明，是所谓物质主义膨胀的单向度文明，是所谓两极分化的文明，是所谓殖民扩张式文明。要言之，是"主客二分""主统治客"的文明。这种文明不仅不能造福于人类社会和世界人民，反而蕴

含着野蛮的基因和逻辑，给人类社会和世界人民带来灾难。第一次世界大战的发源地在哪里？第二次世界大战的发源地又在哪里？西亚、北非、中东的地区冲突和局部战争的根源在哪里？俄乌军事冲突、巴以冲突的根源在哪里？你如果深挖，最终的根源就一定能挖到美西方。西方文明是导致整个世界陷入困境的总根源，它给世界人民带来严重的灾难，使许多国家的人民陷入水深火热之中。

新时代中华文明、人类文明新形态能给世界人民带来福祉。新时代中华文明、人类文明新形态的哲学根基是"主主平等普惠"。这样的文明力求使世界人民达到共同富裕，力求使物质文明和精神文明协调发展，力求促进人与自然和谐共生，力求使世界各国和平发展、合作共赢、包容普惠，力求为人类谋进步、为世界谋大同。基于这样的文明，中国积极参与全球治理体系改革和建设，倡导建设"一带一路"，携手构建人类命运共同体，其目的和实质，都是力求能给世界人民带来福祉，使世界人民过上美好幸福的生活。

3. 新时代中华文明、人类文明新形态坚持守正创新

新时代中华文明、人类文明新形态坚持守正和创新的有机统一。它首先坚持守正，那就是坚持马克思主义基本原理不动摇，坚持中国共产党全面领导不动摇，坚持中国特色社会主义不动摇，坚持为人类谋进步、为世界谋大同不动摇，坚持使人类文明朝着正确且具有光明前景的方向发展不动摇，坚持社会

主义、共产主义不动摇。

与此同时，在坚持守正的基础上，新时代中华文明、人类文明新形态与时俱进地推陈出新。那就是：它传承发展中华文明，推动中华文明的生命更新和现代转型，发展出中华文明的现代形态，即新时代中华文明，造就了一个有机统一的新的文化生命体；它扬弃、超越西方文明，摒弃西方文明所蕴含的野蛮的基因，创造出人类文明新形态，它超越并高于西方文明；它为人类文明发展指明了正确的方向，开辟了具有光明前景的道路，贡献了能解决人类问题的中国智慧、中国理论、中国方案、中国力量。新时代中华文明、人类文明新形态，继承发展了马克思主义的文明观，是"主主平等"的文明，是物质文明、政治文明、精神文明、社会文明、生态文明协调发展的"全要素文明"，是"和合普惠文明"，是社会主义的"人本文明""中国特色社会主义的民本文明"，是文明互学互鉴的"复数文明"。这样的文明，显然是对中华文明的传承和发展，是对西方文明的积极扬弃和超越，是对人类文明的创造和贡献。

4. 新时代中华文明、人类文明新形态坚持系统观念

坚持系统观念，是以习近平同志为核心的党中央在对新时代党和国家各项事业乃至对世界发展进行战略谋划时提出的，是推动各领域工作和社会主义现代化建设的基础性思想和工作方法。习近平强调，"系统观念是具有基础性的思想和工作方法""必须从系统观念出发加以谋划和解决，全面协调推动各

领域工作和社会主义现代化建设"①。

第一，坚持系统观念体现了中国特色社会主义建设的历史逻辑。

以习近平同志为核心的党中央在领导治国理政的实践中具有强烈的问题意识。习近平指出："要有强烈的问题意识，以重大问题为导向，抓住关键问题进一步研究思考，着力推动解决我国发展面临的一系列突出矛盾和问题。"②我们党治国理政所要解决的问题有很多，从哲学角度来看，核心是从系统上解决中国特色社会主义现代化建设"由何而来""现在何处""走向何方"等根本性问题。

在改革开放和社会主义现代化建设新时期之初，由于人民日益增长的物质文化需要同落后的社会生产之间的矛盾使然，我国经济社会发展在实践中相对注重"重点突破"，以经济建设为中心，强调解放和发展社会生产力。党的十八大以来，中国特色社会主义进入新时代，在注重全面发展的基础上，习近平坚持系统观念，把我国经济社会发展置于实现中华民族伟大复兴战略全局和世界百年未有之大变局中进行"系统谋划"，进一步强调统筹推进"五位一体"总体布局、协调推进"四个全面"战略布局，注重对开启全面建设社会主义现代化国家新征程作出战略谋划。习近平指出："党的十八届三中全会也是

---

① 习近平 . 习近平谈治国理政：第 4 卷 . 北京：外文出版社，2022：117.
② 中共中央文献研究室 . 十八大以来重要文献选编：上 . 北京：中央文献出版社，2014：497.

划时代的，开启了全面深化改革、系统整体设计推进改革的新时代，开创了我国改革开放的全新局面。"①全面深化改革之所以是"划时代"的，就在于它具有转折性、全局性、根本性与长远性，须从战略上进行"系统整体设计"。这就把从整体上进行"系统谋划"推到历史前台。

基于中国特色社会主义建设历史演进的逻辑，习近平在党的十九届五中全会上鲜明提出坚持系统观念，进一步强调"系统观念是具有基础性的思想和工作方法"，把"坚持系统观念"作为"十四五"时期经济社会发展必须遵循的一个重要原则，为我国经济社会发展提供了基础性的方法论指引。

第二，系统观念具有丰富的理论内涵。

界定系统观念的理论内涵，是坚持系统观念的前提。唯物主义辩证法认为，任何事物都处在各种各样的普遍联系当中，事物及其各要素交互作用、相互影响、相互制约，构成一种具有稳定结构和特定功能的有机整体，这就是系统。对客观存在的系统的认识反映在人们头脑中，就形成系统观念。系统观念蕴含着存在论、认识论、方法论和实践论，具有丰富的理论内涵。

系统观念是一种基础观念。表面看，似乎任何事物都是杂乱无章的，但运用哲学理性思维看待事物，会发现任何事物都是由各种要素构成的。在揭示事物要素基础上，系统观念进一步要求揭示其中的根本要素，并运用其根本要素分析事物。面

___
① 习近平.习近平谈治国理政：第3卷.北京：外文出版社，2020：178.

对复杂的社会历史，马克思就抓住了其中的生产力、生产关系、经济基础、上层建筑四大根本要素，并运用这四大根本要素分析社会历史。

系统观念是一种结构观念。在揭示构成事物的根本要素基础上，系统观念进一步要求分析这些根本要素之间的关系、顺序、比例，即结构。事物内部的结构至关重要，影响事物的整体功能及其发挥，事物的结构是什么样的，其功能就是什么样的。结构观念是系统观念的根本。要发挥好事物的功能，首要在于调整好结构。马克思、恩格斯认为，生产力决定生产关系，经济基础决定上层建筑，其中，生产力起最终决定作用；同时，这四大要素的合力或交互作用也推动社会历史发展。

系统观念是一种整体观念。坚持系统观念，既要揭示事物的根本要素，又要调整理顺根本要素之间的关系、顺序、比例，使其相互配合，构成最佳的合理结构，其目的是充分发挥事物的整体功能，实现整体效应最大化，事物的各个根本要素最终是服务于事物整体功能发挥的。整体观念是系统观念的核心。由此，要把事物各部分根本要素置于事物的整体框架中进行谋划。

系统观念是一种战略观念。系统观念强调以整体眼光看事物。事物的整体性是在时间、空间、环境中呈现出来的。在时间上，系统观念要求跳出眼前从长远看眼前，正确看待眼前和长远的关系，从事物发展的历史长河中把握其完整性；在空间上，系统观念要求跳出局部从全局看局部，把握好局部和全局的关系，从事物的全局把握其完整性；在外部环境上，系统观念要求跳出事物自身，把事物置于更为宽广的外部大环境中来把握，把握好事物自身与外部大环境的关系，从事物与外部大环境的关系上把握其完整性。

系统观念也是一种辩证观念。辩证法是把握事物之关系的一种根本方法。每一种事物作为一个系统，处在各种各样的关系中，诸如事物各要素之间的关系、事物的部分和整体的关系、事物发展的目前和长远的关系、事物之局部和全局的关系、事物和外部大环境的关系等。由此需要运用辩证思维来理解系统，用发展眼光看待系统，避免孤立、静止、片面地看问题。

系统观念也是一种秩序观念。事物内部的结构及其形成的整体不是杂乱无章的，而是通过内在合理的关系、顺序、比例表达出来的，这就呈现为一种秩序。其实，社会秩序的根基在于事物的合理结构形成的秩序。

第三，注重发挥系统观念的指引作用。

思想方法是人们分析问题、认识事物的方法，工作方法是人们解决问题、做好工作的方法。系统观念是具有基础性的思想和工作方法，是其他思想和工作方法的基础。习近平强调要树立战略思维、历史思维、辩证思维、创新思维、法治思维、底线思维等，这些思维都以系统观念为基础。发挥科学思维的指引作用，不断提升运用系统观念和系统方法的能力，就能够行之有效地化解各种风险挑战。系统观念要求树立战略思维、辩证思维，它要求运用战略思维、辩证思维正确处理系统内各个要素及其现象和本质、目前和长远、局部和全局、部分和整体之间的关系，也要求运用战略思维、辩证思维正确处理系统内外的关系。系统观念要求树立历史思维，在把握历史规律、认清历史趋势、总结历史经验、牢记历史教训中做好现实工作、更好走向未来。系统观念要求树立创新思维。把系统各要素构成一个合理结构是创新，调整好系统内各要素之间的结构并使其发挥好整体功能是创新，对系统作出新的战略谋划也是创新。系统观念要求树立法治思维，它需要法治保证一种系统能规范运行，保证系统战略规范实施。系统观念也要求树立底线思维，积极主动和有效应对系统所面对的各种系统性风险和挑战，要求凡事从坏处准备，积极主动应对，努力争取最好结果，牢牢掌握主动权。

第四，奋进新征程解决新难题必须坚持系统观念。

以习近平同志为核心的党中央在治国理政实践中善于运用系统观念，而坚持系统观念的集中体现就是"十个明确"中所讲的，统筹推进"五位一体"总体布局、协调推进"四个全面"战略布局。统筹推进"五位一体"总体布局是以习近平同志为核心的党中央坚持系统观念、运用系统方法的集中体现。统筹推进"五位一体"总体布局是一项复杂的系统工程，涉及生产力、生产关系、经济基础和上层建筑，涉及党和国家工作全局，涉及经济社会发展各个领域、各个方面，需要把各方面联系起来分析、统筹起来谋划。五个方面的建设是总体布局中的根本要素，五个根本要素是相互贯通、相互作用、相辅相成的关系，是一个有机的系统整体。这意味着要对经济建设、政治建设、文化建设、社会建设和生态文明建设进行系统理解和把握，不可割裂，理解其中一种建设，一定要结合其他四种建设。协调推进"四个全面"战略布局也是坚持系统观念的具体要求。协调推进"四个全面"战略布局也是一项复杂的系统工程，同样涉及党和国家工作全局，涉及经济社会发展各个领域、各个方面，需要加强系统谋划。"四个全面"是战略布局中的根本要素，"四个全面"相互贯通、相互作用、相辅相成，是一个有机的协调整体。这意味着要把"四个全面"看作一种协调推进的系统有机整体，理解其中一个，一定要结合其他三个。

新时代新征程上，改革发展稳定任务之重、矛盾风险挑战之多、治国理政考验之大都前所未有。这就要求我们必须更加紧密团结在以习近平同志为核心的党中央周围，坚持以习近平新时代中国特色社会主义思想为指导，遵循系统观念的内在规律与实践要求，从系统观念出发谋划和解决现实问题，共同为全面建成社会主义现代化强国而努力奋斗。

坚持系统观念，还集中体现在发展新时代中华文明、创造人类文明新形态上。我们创造了中国式现代化新道路，创造了人类文明新形态。这是一种什么样的人类文明新形态？是新时代中华文明！也就是说，新时代中华文明，就是人类文明的一种新形态。这种人类文明新形态是一个系统，需要从各个要素构成的一个有机的系统整体来理解和把握。这一系统整体就是：从哲学根基上，它是一种"主主平等文明"，区别于西方的"主客二分文明"；从历史时间上看，它是一种在工业文明基础上进一步发展起来的"生态文明"，区别于西方那种以牺牲生态文明为代价的"工业文明"；从历史空间上看，它是一种"和合普惠文明"，区别于西方的"竞争性单赢文明"；从经济社会发展上看，它是一种物质文明、政治文明、精神文明、社会文明、生态文明协调发展的"全要素文明"，区别于西方的物质主义膨胀的"单向度文明"；从根本制度上看，它是社会主义的"人本文明"、"中国特色社会主义的民本文明"，区别于资本主义的"资本文明"。显然，它是一个有机统一的系统整体，需要运用系统观念来理解和把握。

5.新时代中华文明、人类文明新形态坚持胸怀天下

发展新时代中华文明、创造人类文明新形态，是基于胸怀天下的世界眼光而提出的。

就人类社会发展和世界发展来看，西方一元文明把文明解释为"价值判断"的规范性概念，认为文明即价值，强调任何国家、民族都应沿着确定的"同一道路"，朝着确定的具有"同一性的至善至美的理想目标"迈进；具有文明优越感的"高尚民族"站在人类文明发展的制高点上，掌握解释世界如何运转、历史如何进步的话语权，认为应当教化"野蛮、愚昧的非文明民族"，这样的文明具有一元性、评判性、改变性

和统治性，是"单数"一元文明。这种文明之哲学基础，是"主统治客"的哲学范式和线性史观。秉持这种文明观，就会认为文明只属于欧洲民族，欧洲之外都处于"蒙昧、野蛮状态"。显然，西方这种一元文明不仅与人类文明新形态无涉，而且还给世界人民带来灾难，导致整个世界陷入不稳定不确定当中，使整个世界陷入困境。

从人类社会发展和世界发展来看，新时代中华文明侧重把文明解释为"事实判断"，它描述的是整个人类发展和民族进步的事实；强调发展进步是各个国家、民族为改变其现状而向前迈进的自我超越、自我完善、自我发展、自我进步过程；注重世界现代化和人类文明的多样性、包容性、互鉴性、平等性、和平性和普惠性。这是一种"复数"多元文明，其哲学根基是"多样统一""主主平等""和合普惠"的哲学观。

显然，在创造人类文明新形态问题上，新时代中华文明有别于又高于西方一元文明。如前所述，在哲学根基上，它是"主主平等文明"；在历史时间上，它是"生态文明"；在历史空间上，它是"和合普惠文明"；在经济社会发展上，它是"全要素文明"；在根本制度上，它是社会主义的"人本文明"和"中国特色社会主义的民本文明"。显然，这样的文明相对于西方帝国文明之"恶"，能为创造人类文明新形态开辟出具有光明前景的方向和道路；这样的文明，是胸怀天下、具有世界眼光的文明。

6. 新时代中华文明、人类文明新形态坚持自信自立

新时代中华文明、人类文明新形态坚持自信自立，就在于它们是从"第二个结合"的内在逻辑中走出来或创造出来的，而且这样的文明具有世界意义，有助于解决人类问题和"世界向何处去"的问题。

"第二个结合"的内在逻辑，首先是新时代把中华优秀传统文化从中国具体实际中相对独立出来、把"第二个结合"从"第一个结合"中相对拓展出来。"中国具体实际"不同，对中华优秀传统文化的认识就相对不同。中国特色社会主义进入新时代，中国面对的"具体实际"之内涵发生了深刻变化。国内的具体实际，核心是"强国建设、民族复兴"，国际的具体实际，核心是"和平发展、合作共赢"。"强国建设、民族复兴"内在要求高度重视中华优秀传统文化，因为强国建设、民族复兴包括文化复兴和文化强国，强调文化复兴、文化强国，就必须坚定文化自信，拥有文化主体性，使中华优秀传统文化通过创造性转化、创新性发展而"强起来"，进而适合中国式现代化与强国建设、民族复兴的需要。"和平发展、合作共赢"也内在要求高度重视中华优秀传统文化，因为它具有丰富的协和万邦、兼济天下、世界大同、和而不同的思想资源，可以为和平发展、合作共赢提供思想支撑和理论论证。

之所以把中华优秀传统文化从中国具体实际中相对独立出来讨论，是由于新时代的中国具体实际使中华优秀传统文化具

有特殊意义，即它是中国思想文化的"根脉"，而马克思主义是中国思想文化的"魂脉"。"根脉"具有根基、根本的意义，根深才能叶茂。这意味着可以把中华优秀传统文化和马克思主义并提，要重估中华优秀传统文化的时代价值，提升中华优秀传统文化在不断推进马克思主义中国化时代化，在推进理论创新、理论建设中的时代地位和作用。

"魂脉"和"根脉"的结合即"第二个结合"会产生深刻的化学反应，即形成一种有机统一的新的文化生命体——中国式现代化的文化形态和新时代中华文明。新时代中华文明推动了中华文明的生命更新和现代转型，是中华文明的现代形态。

发展新时代中华文明，是我们在新时代新的文化使命任务。这是中国共产党所应主动实现的目标、完成的任务、应尽的责任，是值得中国共产党人付出生命而去实现的目标、任务和责任，是一种基于理想召唤而需要全身心投入去实现的目标、任务、责任，所要实现的目标、完成的任务、应尽的责任如何，决定着中国共产党的生死存亡，是中国共产党人生命价值的集中体现，具有长期性、激励性、指导性。中国共产党的初心和使命，就是为中国人民谋幸福，为中华民族谋复兴；新时代新征程中国共产党的使命任务，是以中国式现代化全面推进中华民族伟大复兴；新时代中国共产党新的文化使命，是在新的历史起点上继续推动文化繁荣、建设文化强国、发展新时代中华文明。这里从三个角度所讲的"使命"具有一个共同点，即都讲的是"中华民族"，都决定着中华民族伟大复兴的命运。

　　发展新时代中华文明，不仅能巩固中华民族的文化主体性，有助于加强党对文化的领导权，而且还可以创造人类文明新形态，为解决人类问题和世界问题贡献中国智慧、中国理论、中国方案、中国力量，在世界舞台上掌握话语权。这显然有助于增强我们的自信自立。

三、作为构建人类命运共同体的一种
分析框架

我们也按照"六个必须坚持"的学理哲理逻辑，来分析构建人类命运共同体。

1. 构建人类命运共同体坚持问题导向

构建人类命运共同体理念具有强烈的问题导向。它既是针对国内因某些领域和方面公平正义供给不足、治理现代化相对滞后而产生的某种分化问题而提出的，更是针对国际霸权主义横行而导致的全球创新动力不足、贫富差距扩大、全球治理滞后以及出现的"四大赤字"（发展赤字、和平赤字、治理赤字、信任赤字）而提出的。公平正义供给不足会导致社会创新乏力、利益分化并影响社会和谐稳定；治理现代化滞后会造成诸多难题得不到有效解决从而影响民族复兴；霸权主义横行会导致整个世界创新动力更加不足、贫富差距更加悬殊、全球治理更加滞后；利益冲突会导致国家之间缺乏充分的信任。不解决这些问题，就会阻碍以中国式现代化全面推进中华民族伟大复兴的历史进程。习近平以大国担当的勇气和信心，既勇于破解国内难题，又勇于担负起重建世界秩序的使命和责任，提出了构建人类命运共同体这一具有战略意义和世界意义的理念，为解决世界之问和人类问题贡献中国智慧、中国理论和中国方案，为历史发展注入强大动力。

习近平指出："当今世界正在经历百年未有之大变局。这场变局不限于一时一事、一国一域，而是深刻而宏阔的时代之变。"①"大变局带来大挑战，也带来大机遇，我们必须因势而谋、应势而动、顺势而为。"②就是说，当今世界正面临百年未有之大变局，世界进入新的动荡变革期，不稳定性不确定性更加突出，人类面临许多共同的风险挑战。习近平又指出，当

---

① 习近平.习近平谈治国理政：第 4 卷.北京：外文出版社，2022：483.

② 中共中央党史和文献研究院.十八大以来重要文献选编：下.北京：中央文献出版社，2018：10.

前，最迫切的任务是引领世界经济走出困境。世界经济长期低迷，贫富差距、南北差距问题更加突出。究其根源，是经济领域三大突出矛盾没有得到有效解决。一是全球增长动能不足，难以支撑世界经济持续稳定增长。二是全球经济治理滞后，难以适应世界经济新变化。三是全球发展失衡，难以满足人们对美好生活的期待。这些问题反映出，当今世界经济增长、治理、发展模式存在必须解决的问题①。由此他强调："世界怎么了、我们怎么办？这是整个世界都在思考的问题，也是我一直在思考的问题。"②

近代以来，西方资本主义国家借助市场、资本、科技、文化和军事五大"优势"掌控世界，也生长出推动历史进步的西方文明。2008 年国际金融危机之后，世界逐渐陷入困境，集中体现为出现了"全球增长动能不足""全球经济治理滞后""全球发展失衡"等根本性难题③。资本主导的制度性缺陷和结构性矛盾，是导致上述困境的一个深层原因。资本的本性是借助"流动""流通"实现增值，当市场空间、流通渠道、资源、劳动力成本等"红利"被严重"限制"时，资本主义国家就会陷入某种困境。主要体现在：一是经济困境。在西方某些发达国家，实体经济是推动其工业化、现代化的主要力量。随着后工业社会来临及深化，金融资本开始膨胀，虚拟经济过度

————————

　　① 习近平. 习近平谈治国理政：第 2 卷. 北京：外文出版社，2017：479-480.

　　② 习近平. 习近平著作选读：第 1 卷. 北京：人民出版社，2023：561.

　　③ 习近平. 共担时代责任，共促全球发展. 求是，2020（24）.

扩张，在虚拟经济繁荣的背后，泡沫经济却日趋严重，这在一定程度上增加了实体经济的风险，弱化了实体经济的资金和信用基础。二是政治困境。当国际金融危机导致的自由市场体系红利削减，以及滥用霸权所导致的政治动荡向西方社会传导时，精英政治和大众政治间的平衡就会遭遇一定危机，既体现在因政治依附资本和"否决政治"，国家、政府的组织力、动员力、凝聚力、执行力削弱①，也体现在民粹主义兴起而使民众过度"自由"，陷入难以组织动员的境地，"弱政府"和"散民众"两大弱点显露出来了②。三是社会困境。社会福利制度不仅使西方社会背负财政负担，也使许多民众的创业精神减弱③。四是文化困境。西方文化有三大核心支柱：自由主义、资本至上、以两极对立世界观为哲学根基的"西方中心论"。自由主义的核心观点是，追求个人自由、权利是最符合自然秩序的，不可随意被剥夺。自由主义走向极端，就会追求个人自由扩张，进而导致"漠视政府""淡化集体"，自由主义蕴含"个人利己"的基因。资本至上意味着资本具有主导性，资本具有追逐利益、自由扩张的本性，资本在增殖和扩张过程中不可避免地具有掠夺性，因而蕴含"扩张掠夺"的基因。"西方中心论"把整个世界分为西方和非西方"两极对立"的世界，

---

① 否决政治，是福山提出的一个概念。美国民主政治的基础性制度安排，对防范政治腐败、平衡多元利益、增强决策审慎，发挥着积极作用。同时，这一制度安排需要付出牺牲效率的代价。近年来，由于美国民主党与共和党在政治立场上发生分化，且总统职位和国会两院往往由不同政党控制，结果使这种政党对立传导到政府机构层面，进而出现了"否决政治"。

②③ 韩庆祥，黄相怀.资本主导与西方困局.光明日报，2016-09-28（13）.

西方世界是主，是世界的中心，为整个世界制定标准，非西方世界是客，要向西方世界靠拢，西方世界统治非西方世界，非西方世界若不向西方标准看齐，就会被其围堵打压、战略包围，"西方中心论"蕴含"个人利己""扩张掠夺""对立冲突"的基因，会导致共同体意识瓦解与合作精神、道义精神、奋斗精神丧失，导致西方"话语营销"和"话语神话"破灭，也使世界陷入某种困境。

世界历史发展处在了一个重要的转折关头！习近平顺应世界大势和时代潮流，提出了构建人类命运共同体这种具有世界意义的解决方案。

2. 构建人类命运共同体坚持人民至上

构建人类命运共同体，既要超越以资本至上为主导逻辑的各种现代性的西方资本主义话语，更是要书写坚持人民至上的中国式现代化道路新版本。

构建人类命运共同体，关切的是人类命运，即世界人民的命运。构建人类命运共同体，是出于对世界人民命运关切而提出的一个理念，它致力于破除或解构西方那种"你死我活""你输我赢""势不两立""赢者通吃"的单赢观，建构的是和平发展、合作共赢、包容普惠的共赢观。单赢观，就是以牺牲世界人民的利益为代价，看看两次世界大战所牺牲的人民，就知道其中的道理了，看看当今世界的俄乌冲突、巴以冲突所牺牲的人民，也更能看清楚其中的道理。共赢观，就是发展好、维护好、实现好世界人民的根本利益，看看"一带一路"建设成果，看看中国对整个世界的贡献，就明白其中的道理了。

3. 构建人类命运共同体坚持守正创新

构建人类命运共同体，坚持马克思主义的世界历史理论不动摇，坚持马克思主义人的解放理论不动摇，坚持马克思主义的资本批判理论不动摇，坚持社会主义、共产主义学说不动摇，坚持社会主义必然取代资本主义的信念不动摇，坚持自由人联合体理论不动摇，坚持人的自由全面发展理论不动摇，这是守正；同时，构建人类命运共同体也是与时俱进的理论创新，它是在"两制共存"前提下如何处理社会主义和资本主义关系的一种中国方案，是直面"两个大局"即世界百年未有之大变局、中华民族伟大复兴战略全局，而回答"世界向何处去"贡献的中国理论，是在世界变局中如何进一步彰显社会主义制度优越性、克服资本主义历史弊端的创新性理念，是如何在对立中寻求最佳统一性的哲学智慧，是避免世界动荡且为世界展现出光明前景的中国力量。

4. 构建人类命运共同体坚持系统观念

在人类历史发展长河中，就文明对世界的影响力而言，从欧洲发轫的西方文明尤为耀眼。从启蒙时代到现代的 300 多年，世界在西方文明的主导下，社会生产力发展远远超过了以往人类历史发展的总和。然而，进入 21 世纪，西方文明开始备受挑战，2008 年国际金融危机爆发，更是把世界推入乱象丛生的境地。当今世界，人类面临诸如经济长期低迷、贫富差距拉大、经济危机和金融危机加深、军备竞赛和核竞赛升级、地区冲突和战争危险加剧、恐怖事件频发、资源枯竭、环境恶化等困扰人类生存与发展的一系列全球性难题。这意味着影响世界发展的动力、平衡、治理三大根本机制出了问题，其深层根源，是西方文明的逻辑出了问题。

"西方中心论"是西方文明的逻辑起点，是导致世界困局的理论根源。"西方中心论"奉行"一元论""主客二分"的哲学思维，即西方世界是"主"、非西方世界是"客"，西方世界是"我族"、非西方世界是"异类"，西方世界是"先生"、非西方世界是"学生"。它标榜西方价值的"普世性"和西方道路的唯一性，认为西方文明是人类真正的文明，西方标准就是世界标准，非西方世界应向西方世界看齐。在这种逻辑中，"客随主便""我族歧视异类""先生教训学生"，自然被西方认为是情理之中的事。西方列强主宰和分割世界的威斯特伐利亚体系，就是这种逻辑的产物。按照这种逻辑，某些国家强推"普世价值"，借助武力输出"颜色革命"，出兵干涉主权国家内政，这些都是所谓"名正言顺"的"正义之举"。而事实上，西方文明蕴含着对立、对抗的基因，世界因此被切割成相互冲突的对立体。如此，国际秩序就很难维持下去。

自由主义是西方文明的精神支柱，是导致世界困局的人性根源。自由主义主张个人利益和自由最大化，鼓吹私有制，倡